病是

教養出來的

是

第二集

愛與礙

自由遊戲：提供適當的環境，孩子會自己創造遊戲，不需大人來教。

地板遊戲──孩子藉由各種天然素材創造自己的新世界。

故事遊戲——孩子們邊玩邊創造故事。

故事遊戲——一個人也可以專注開心的玩。

戶外的自由遊戲──探索自己的身體可以做什麼。

戶外的自由遊戲——探索自己的身體可以做什麼。

戶外的自由遊戲——探索自己的身體,換個角度看世界。

戶外的自由遊戲——探索自己的身體，大孩子也喜歡這樣做。

戶外的自由遊戲——自然探索，好奇而專注的探索大自然。

戶外的自由遊戲——自然探索，他們那麼專注在看什麼呢？

戶外的自由遊戲——原來在觀察這隻蚱蜢啦！

戶外的自由遊戲──自然探索，下雨過後有蟲出來了，仔細觀察。

戶外的自由遊戲──自然探索，這個世界的一點一滴都那麼吸引孩子。

戶外的自由遊戲——搜集落葉串成美麗的花朵。

戶外的自由遊戲——玩降落傘，感覺秋風的到來。

戶外的自由遊戲──搬運工的遊戲，孩子自己以遊戲的方式負重物來鍛練意志力。

自然散步──打赤腳在大自然中散步，有助於孩子的初階感官發展（觸覺、生命覺、運動覺、平衡覺）。

夏日戲水

跳繩——全身都動起來。

跳繩——六歲以上的孩子應該要會跳繩。

滾輪胎——對平衡覺的發展有很大的幫助。

輪胎也可以這樣玩哦！

奇怪，他是怎麼爬上去的——探索自己的身體可以做到什麼。

沙坑裡除了觸覺經驗，也可以創作哦！

在沙坑玩也可加入不同素材。

玩泥巴和玩沙的觸覺不同。

泥巴實在太好玩了。

清潔工作中有很多**不同的觸覺經驗**及
使用身體鍛鍊意志力的機會

清潔工作──擦門窗及地板。

清潔工作————認真專注的擦自己的鞋櫃。

學媽媽揹著娃娃工作──晾布巾。

仔細的把自己的椅子擦得又亮又乾淨。

全班小朋友把玩具寶貝拿出來曬太陽。

夏天到了，把戲水池刷乾淨，準備要玩水了。

清潔沙坑中的落葉。

農耕及園藝

翻土撿石頭，挖到了蚯蚓。

種菜

澆水

收成了！把絲瓜割下來。

採收一條茄子，好神奇的經驗。

烹飪

煎蔥油餅，很會做事吧！

打蛋攪拌做蛋糕，過生日的孩子自己學做蛋糕分享給其他小朋友。

用力揉麵團要做饅頭。

大班的孩子會用刀子切水果了。

每天早晨，老師帶著孩子做晨圈律動，晨圈是集合外在世界善美真經驗的一種濃縮形式，可以協助孩子的身體佈局和空間定位，對於將來學習的專注力有很大的幫助。

在戶外，孩子們也自動圍圈圈邊唱邊跳。

在戶外，孩子們玩晨圈的遊戲。

老師演布偶戲給孩子們看，孩子專注的看戲，有助於生命覺、聽覺、語言覺和思想覺的發展。

畫濕水彩，體驗色彩的流動。

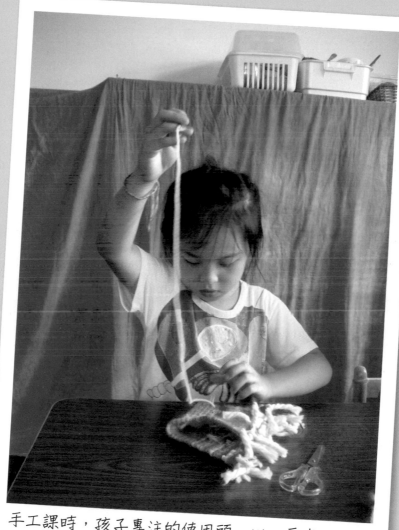

手工課時，孩子專注的使用頭、心、手來工作。

病是教養出來的

第二集 愛與礙

許姿妙 醫師 著

父母都希望孩子是有能力的人,有了能力就可以經營幸福美好的生活。
然而「能力」兩個字包羅萬象,究竟哪些能力才是真正可以讓孩子受用一生的寶?
哪些能力的追求卻是徒勞無益,甚至扼殺了孩子的未來?

學習教養孩子，
自己蛻變成為更好的醫生

　　幾個禮拜前，我在診間為病人針灸，病人冷不防的冒出一句：「許醫師，妳現在看診的模樣真像是一位天使。」哎呀，這是我所贏得過的讚美當中最令人「耳目一新」的說法了。我忍不住請教這位病人，為什麼會有這樣天外飛來的「靈感」呢？

　　這位病人和我已經認識十五年，身體有狀況的時候，就會來診所尋求協助。只見她篤定說道：「對呀，我十幾年前認識的妳，和現在完全不一樣耶！妳已經沒有以前的急性子，對病人更溫柔有耐心了。」

　　喔喔，原來我一直想要在人前隱藏的急性子，連病人都看得一清二楚。從小，媽媽就常罵我說：「妳為什麼這麼『躁性』！」這個台語的「躁性」，已經說明一切。但是我當時年紀小，不明白自己急躁的性子令人非常不愉快，也讓媽媽吃不消。

　　我是典型火相性格的人，做起事情十萬火急，立刻就要看到結果。而火相氣質的人隨著年紀漸長，變得越有能力以後，還會更加的自以為是，因此我剛烈的性情變本加厲，而且絕不妥協。

　　這樣的性格特質有好有壞，並不全然都是負面，但是當它的缺點已

經讓旁人感到困擾的時候，就必須有所調整與改進。然而我始終缺乏對的人，或者應該說，我始終沒有遇到那命中注定的「剋星」，來修正我的性格弱點。婚前，父母拿我無可奈何，而婚後，我的另一半和我也有相似之處。土相氣質的他不喜歡熱鬧喧嘩，我也是不多話的人；他在某些方面同樣是個急驚風，又是就事論事的事務導向型作風，和我頗為相似，所以我還是能夠繼續自己原本的「我行我素」。

● 一雙寶貝對我的潛移默化

直到我們生下第一個孩子，事情出現了戲劇性的轉變。我們的女兒是風相氣質的孩子，這是一種以情感為導向的特質，所以她從小個性迷糊，忘東忘西，平常就喜歡自言自語，不時大聲唱歌，情緒起伏像是坐雲霄飛車。這和外子喜歡穩定的氣質，和我一貫堅定的特性呈現出兩極化路線，也讓我們在孩子的教養上充滿挑戰。女兒看到驚人的畫面會大聲尖叫，遇到出乎預料的事會高聲嚷嚷，完全外放式的情感表達經常讓外子感到驚心動魄，甚至不耐煩。

但是隨著孩子日漸長大，我領悟到女兒帶給我們這對事務導向、風格一板一眼的父母很大的學習。尤其是女兒和媽媽比較親近，我和她的相處時間特別多，在她青春期情緒多變的日子裡、在她高中時期情竇初開的階段，我陪伴她越多，越發現這個心地善良、情感多變的孩子是多麼的可愛。不知不覺間，我也受到她的影響，個性逐漸變得柔軟，懂得

耐心對待；透過她，我看到人生原來有豐富多樣的變化性，而不再只是土相氣質的直線性思考，或是火相氣質的只問結果而不懂欣賞過程。

女兒四歲的時候，我們又生了一個兒子。這個水相氣質的孩子同樣屬於情感導向型。他個性甜美而柔軟，情感相當豐富，但是水相緩慢的行事步調，對我形成最大的挑戰。

我的工作十分繁忙，每天下班已經筋疲力竭，卻還是想要把握一天最後的短短幾個小時，與孩子親密接觸，幫他們洗個暖呼呼的澡。但兒子總是拖拖拉拉，讓我心裡又急又氣。早上要帶他上幼稚園，他也非要賴床一小時不可。

一開始，我試著硬要拖他下床，可是小傢伙就有本事和我長期抗戰。學習人智醫學以後，我才知道水相的人凡事都要「等一下」，和我火相「說風就是雨」的個性「天生犯沖」。陪伴兒子成長的過程，就是我的耐性大考驗，他讓我看到全然不同的另一種「慢吞吞的人類」。如果換成是別人，我早就掉頭走人，偏偏他是我兒子，我必須要耐心等他。

我在女兒身上學會柔軟彈性，與欣賞生活的多變；在兒子身上學會把步調放慢，收斂起自己急躁剛烈的性情。因為任憑我個性再怎麼強硬，遇到這兩個孩子就一點都不管用。

● 孩子是父母天生的老師

陪伴這一雙寶貝成長的十多年當中，我的個性不知不覺改變了。雖然想要完成的事仍然多如牛毛，但是我學會了耐心等待。當年，我接受的教養方式沒有辦法平衡我火相急躁火爆的特質，如今卻被我自己的兩個孩子給磨得兩面發光。

孩子來到我們的家庭，其實是要帶領父母進入另一段學習的旅程，來平衡父母的某些不足或缺點。父母如果不能體會這個事實，硬要用自己的權威來壓迫孩子服從自己，不但會因此失去自我學習和再度成長的機會，也會傷害了心愛的孩子。

我由衷感謝自己的兩個孩子，因為他們，我開始涉獵教育領域；為了好好的教養並且陪伴他們，我也學習人智醫學。就在學習成為好父母的過程中，又增進了我成為一名好醫師的能力。畢竟，縱使我真的具備了良好的醫術，但若是對病人缺乏耐心，也絕對稱不上是良醫。

如何愛孩子才是真正對孩子好

　　常聽人說「天下無不是的父母」，這句話是有待商榷的。父母或許都愛自己的孩子，但是愛孩子必須用對的方法。我們並不是從孩子哇哇落地的那一刻起，就自動成為合格的父母，而是有了孩子以後，才開始學習為人父母。為人父母是要學習的。我們對待孩子的方式，往往是延續父母對待我們的方式，它可能是值得驕傲的傳家精神，卻也可能是代代貽害的惡因。

　　我自己有了孩子以後，遭遇到很多養育上的困惑，迫使我不斷尋找解答。又加上多年的門診，讓我看到很多一再被同樣病情所困的人，他們之所以會生這麼嚴重的病，甚至始終不能痊癒，都和成長過程接受到的教養對待方式有很大關係。這一切讓我對教育的重要性有了更深刻的認知，於是十多年來積極參與國際人智學相關課程訓練，包括「人智醫學」與「華德福幼教訓練」課程。

　　《病是教養出來的 · 第一集 · 孩子的四種氣質》出版以後，獲得海內外讀者極大的迴響。身為一位中醫師，我寫過十多本書，偏偏就是這一本闡述教育理念的書迴響最大，可見得現代父母與教育工作者面對很多教養孩子的難題，卻苦無解決的出路。

　　接續「病是教養出來的」主題，我要在本書繼續和大家分享個人身

為華德福學校駐校醫師的所學所見，並且將它和我中醫師本業的行醫體驗、個人親身感悟，做有系統的整合與闡述。本書的主題，就聚焦在「愛與礙」。

我們都希望孩子是有能力的人，有了能力，他們就可以經營幸福的美好生活。但是「能力」兩個字包羅萬象，究竟哪些能力才是真正可以讓孩子受用一生的寶？哪些能力的追求卻是徒勞無益？我會在本書第一章，說明意志、情感、思考三大能力的重要，與養成的階段和方法。

第二章，我要切入本書的第一主題「愛」，並且用實踐三個 R，也就是有規律的生活節奏（Rhythm）、重複性的事物學習（Repetition）和崇敬的態度（Reverence），來落實父母對孩子的愛。

第三章進入本書的第二主題「礙」，我也會用三個 L，也就是聲光刺激（Light）、讓孩子變得懶惰（Lazy）、限制孩子（Limit）來說明大人如何經常在不自覺間做出妨礙孩子健康成長、剝奪孩子安全感、讓孩子難以感受大人愛心對待的大忌。相對於實踐三個 R 能讓孩子充分感受父母的愛，養成健全的身心發展，三個 L 卻是把孩子推向不幸。

期待本書能為大家撥開教養的迷霧，清楚知道如何做才是真正有益於孩子，又有哪些以愛為名的教養迷思，正是愛之適足以害之。希望本書有助於解決讀者心中的疑惑，對促進親子和諧發揮實質的效用，讓我們的下一代都能迎向欣欣向榮的幸福未來。

目錄

Chapter 1

三大內在能力，
給孩子邁向
幸福未來的通行證

　　想把孩子送到華德福學校就讀的家長，最大的疑慮莫過：「接受華德福體制外教育的孩子，將來出社會能有競爭力嗎？」

　　我想，憂心的家長們最在意的，是華德福教育下長大的孩子是否具備人類最基本的生存能力，也就是養活自己與家人的能力，而後進一步在社會上享有成就與地位。這也是所有關愛孩子的家長都會提出的疑問。

會把孩子送進某一所學校、接受某一個體系的教育，父母心裡必定有想法，對孩子存有某些期望。我曾經在演講會上請教與會的父母，期待自己的孩子將來成為什麼樣的人？有著什麼樣的人生？年輕的父母滿懷希望的說出他們的心願：

希望孩子成為他自己，過著幸福的人生。

希望孩子快樂的長大。

希望孩子成為有用的人，能回饋社會。

希望孩子成為有能力追求自己想要的人。

希望孩子擁有健康的身體。

希望孩子成為負責任的人。

希望孩子成為尊重別人、尊重自己的人。

希望孩子成為孝順的人。

希望孩子成為有愛的人，懂得感恩和滿足。

　　這些看似非常理想化的答案，卻是我們千真萬確的期許。但是各位可曾想過，從眼前還在牙牙學語的孩子，到他們長成我們理想中的大人，這期間要經歷多少的試鍊和挑戰，遭受多少次無情摧毀、無奈放棄，最終還是必須回歸到現實面去完成所有的努力。很多父母想到這裡都不免膽怯，對未來感到憂心忡忡……

孩子成長的兩股力量

　　華德福教育致力於培養一個孩子成為「身心靈平衡的自由人」。它有三個重點，就是身心靈平衡、自由、人。

　　毫無疑問的，孩子哇哇落地的時候是個人，但是他長大以後，還是個人嗎？不適當的教育有可能讓一個人長大後成為連畜牲都不如的怪物。我們不是會罵一些惡行重大的人「豬狗不如」嗎？這表示如此的人虛有人的形體，但是內在的道德感連牲畜都不如。所以說，不是生而為人，就保證一輩子都是人，萬一教養不好，可能淪落到不是人的地步。

　　孩子長大以後可以決定自己要做些什麼，而且為自己所做的後果負責，這就是「自由」。創立人智哲學的史戴納博士認為，要讓一個孩子發育成為身心靈平衡、可以完全為自己負責的自由人，需要 21 年的教養時間。這 21 年當中，會有兩股力量注入這個生命體，一股是由上往下灌注的力量，讓孩子的肉身得以成長；另一股力量則是從下往上提升的力量，供應孩子內在的能力發展。

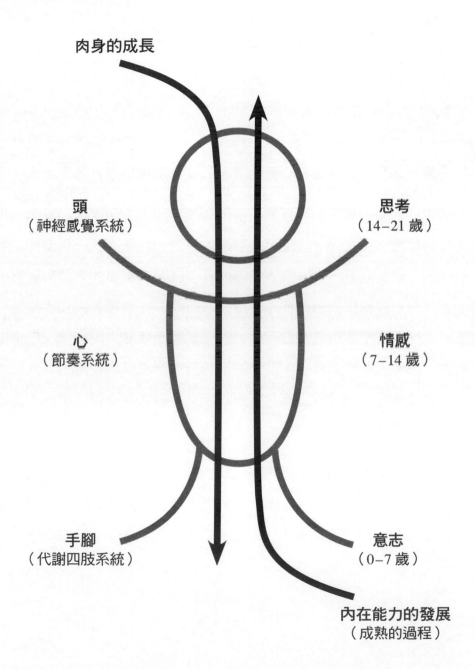

肉身的成長

頭
（神經感覺系統）

思考
（14–21 歲）

心
（節奏系統）

情感
（7–14 歲）

手腳
（代謝四肢系統）

意志
（0–7 歲）

內在能力的發展
（成熟的過程）

關於人智醫學與華德福教育

　　華德福（Waldorf）教育是依據哲學家魯道夫・史代納（Rudolf Steiner，1861 年 2 月 27 日～ 1925 年 3 月 30 日）的教育哲學來設計，目的是要全面照護孩童的身心靈健康，為社會孕育更美好的下一代。

　　這位奧地利的哲學家有感於工業革命後的西方文明過度物質化，思想更強烈傾向物質主義，衍生出凡事講求實證的科學觀，一切都要「眼見為憑」。相對之下，東方對「無形世界」就保有更多的想像和容許空間，並且肯定精神世界的存在。他想要喚起西方社會重新認知「靈性世界」，明白宇宙不是只有物質而已，並且要試圖連結人與自然、宇宙間的靈性，啟發人對自然界、宇宙間的一切產生感恩與敬虔的心。人智學的目的在於教導人如何以正確、客觀的觀察及方法走進靈性世界，創造現代及未來發展的福祉。

　　人智哲學對當今世界的影響遍及教育、特殊教育、藝術治療、醫學、科學、音樂、繪畫、優律思美、劇場、農業、建築、企管等。其中的「人智醫學」研究發展體系，在這一百年來開始影響主流醫學。

● 肉體成長的力量

幼兒的體型特徵就是頭大身體小，而且頭部成長最快，到 3 歲左右，腦部的神經感知系統就已經完成基本架構。這一股肉體成長的力量會從頭部逐漸向下灌注，10 ～ 12 歲左右心肺節律系統發育完成；16 ～ 17 歲時，代謝系統和四肢骨骼系統發展趨於完備。

從身材的整體比例來看，孩子的頭出奇的大，相形之下，身體顯得很瘦小。直到 7 歲之前，都還是維持頭大身體小的比例。但是隨著孩子跑跳玩耍，一再活動四肢和身軀，身體會不斷茁壯長大，而逐漸和頭部形成正確的比例，發育為成年人的體型。

談到這裡，就一定要提到一般人對幼童智力開發的普遍誤解。許多幼兒教育的派別主張，大腦建構神經感知連結的 3 歲前，是智力發展的關鍵階段，因此要積極強化幼童的認知功能，為智力開發搶先打下基礎。這真是天大的誤解。

腦部的神經連結與傳導的確是需要外在的刺激加以強化，但並非所有的外在刺激都能達到效果。對這一階段的大腦而言，讀書、寫字、用電腦、學技藝，都不是真正有益大腦發育的良性刺激。

想要孩子的大腦神經傳導及連結更細緻而健全，就必須讓孩子多多使用肢體（特別是四肢末梢），並給予全身皮膚適當的刺激。這些神經末梢的衝動會傳遞到腦部，藉由這一過程，讓腦部與身體各部位產生良好的訊息連結。

● 內在發展的力量

　　肉體有一定的成長順序，人的內在能力也必須配合腦部、心臟、四肢的發育，逐漸成熟。人智醫學認為，人生的第一個 7 年主要發展意志能力，第二個 7 年主要發展情感能力，第三個 7 年則以發展思考能力為主。華德福教育的目的，就是要我們的孩子在 21 歲成年時，具備意志、情感、思考三項內在能力。當一個人擁有這三大能力的時候，他就能做個真正為自己負責的人，實踐人生理想。

透過肢體活動激發腦力，才是長遠之道

坊間很多的教育理論，都主張把握 7 歲前的腦部發育期，好讓孩子反應更快、更聰明。為了達到目的，出現了各種智力開發課程，有些父母迫不及待的讓孩子讀很多書、寫很多字。如果注意觀察，你會發現接受這些大腦刺激訓練的孩子，體型開始出現變化，那就是頭越來越大，身軀卻來越瘦小。我們在很多體制內學校的學童身上，都可以看到這種「小學究」的體型。不但如此，他們臉上往往還會附帶一項配備，那就是一副可以突顯其飽讀詩書氣質的眼鏡。

台灣的小學童近視比例出奇的高，即使是在禁看電視電腦、不准玩電玩的家庭，同樣不得倖免。這是因為提早學習過度刺激大腦，提前把孩子應該用於充實眼睛發育的能量消耗掉。

四肢末稍是神經分布最密集的部位，透過活動肢體，既可以對腦部發育形成良性刺激，又能均衡發展肢體，讓孩子擁有發達的四肢和聰明的頭腦。也就是說，有助於腦部發育的刺激方向，應該是從肢體往頭部，而不是直接針對腦部做文章。

意志、情感、思考，
缺一不可的能力教育

　　台灣的生育率年年下降，政府公布的數字顯示，自 1950 年代平均每一名婦女會生 7 名子女，到 2009 年，平均每一名婦女只生 1.03 名子女；而 2009 年的新生兒人數只剩下 30 年前的一半。最近這兩年，政府意識到人口老化問題的嚴重性，開始鼓勵生育，不過似乎成效不彰，生育年齡的男女對生養下一代似乎顯得意興闌珊。

　　我就常聽到身邊受過高等教育的頂客族說，與其養孩子不如養寵物，因為現在的孩子難教導，不能打又不能罵，還不如養寵物，省去煩心的教養問題。擁有社經地位的人尚且如是想，難怪越來越多人寧可把寵物當孩子養，而不願意生養孩子、不願意用心當父母的想法也逐漸當道。正因為好不容易下定決心生了一兩個寶貝孩子，所以大人無不對下一代寄予厚望，希望孩子將來出類拔萃，具備強大的競爭力，成為社會的精英、國家的棟樑。

　　早年的我也會為孩子的教育感到徬徨猶豫，然而現在的我深信，華德福教育會是父母達成理想的堅實後盾。這是因為華德福教育所特有的理念，也是我們致力培養孩子內在發展的三大能力，正是實現以上諸多父母期待的基本條件。這三大內在能力，分別是意志能力、情感能力、思考能力。

當一個人具備這三種內在能力，就等於拿到一張邁向幸福生活的通行證。

培養孩子的意志力，
7 歲前是關鍵

意志展現於「有能力追求心中所求」。有意志力的孩子會有所追求，而且能夠付諸實際行動。簡單的說，意志力就是「用身體去實踐的能力」。中風的病人心有所想，卻身不由己，無法付諸行動，必須依賴別人的攙扶和代勞，所以是「癱瘓的人」；現在也有不少「意志力癱瘓」的孩子，雖然四肢健全，卻只能空想而無法行動。

我的門診不時會有皮膚長乾癬的孩子來求診。這是一種免疫系統疾病，影響治療成效最關鍵的因素，就是患者必須早睡，最遲不能晚於夜間 11 點鐘就寢。但是病人的父母經常向我抱怨：「這個我管不動啦！催他去睡覺，他根本不理我。只會嘴巴一直應『好』，身體卻動也不動。」

這些父母的抱怨，已經充分點出了「意志力癱瘓」的典型表現。孩子腦子裡光想著「時間到了，我該睡覺了」，但就是無法將自己的身體移動到床上去，和中風癱瘓的人幾乎沒有兩樣。

「意志力癱瘓」的孩子通常在 7 歲前都缺乏足夠的肢體活動，停留在「光想不做」的階段，所以無法發展出健全的意志力。也就是說，教養學齡前的孩子，應該讓他們用四肢去做事，除了良性刺激腦部神經發展以外，更重要的意義在於培養孩子的意志力。

意志力是用身體去實踐的能力，它的主要中心在於身體的肌肉。人體的肌肉只要幾天不用就會失去力量，所以意志力需要持續不停的鍛鍊，終其一生，我們都必須保持四體勤快的好習慣，以便維持堅強的意志力。而這樣的好習慣，應該從小養成，關鍵就在於 7 歲以前。

● 意志力的神奇魔力

一位 50 歲的婦人，因為身體虛弱來看診。我很好奇她為什麼把自己累到這個地步。聽她娓娓道來，才知道眼前瘦弱的婦人原來有一段令人動容的坎坷遭遇。

這位太太說，大約 10 年前，她的先生經商失敗，負債千萬。很多人面臨這樣的人生劇變，從此一蹶不振，但是這位太太卻發揮了驚人的強大意志力，她靠著賣小小的飯糰，在 10 年之間還掉了千萬元債務。

賣飯糰不過是小生意，婦人又只有一個小攤位，每天收入相當有限。但是她不屈不撓，憑著自己靈活的頭腦，改良精進做出好吃的飯糰。她早上把攤位推到學校門口，下午則改到郵局門口做生意。她十年如一日的包著一顆顆飯糰，還清千萬債務，從此終於可以和先生過著無債一身輕的日子。

一個幾十元的飯糰，對比上千萬元的債務，實在微不足道，但是一個人的意志力竟可以讓不可能成真，著實讓我不得不再次讚嘆意志力的神奇魔力，對於一個人的成功與幸福，發揮何等重大的作用。

● 現代教育尤其必須加強意志力的養成

現代的資訊社會，和我們當年小時候的工商社會，還有我們上一代的農業社會，已經是截然不同的生活型態。因此教育方式也必須因應時代的改變而做出重大的修正。

我從我的媽媽身上，看到出生在農業社會的人所鍛鍊出來的強大意志力，是我們後輩遠遠不及的。一甲子以前的台灣，大多數人都務農，天天從事體力勞動，已經習慣用四肢去做事，他們的生活當中充滿了可以鍛鍊意志力的活動，像是徒手洗衣服、升火煮飯、步行數小時去工作，所以這些世代的人養成了驚人的意志力。

幾年前，我帶著媽媽和孩子一同到日本做自助旅行。當我們已經疲累不堪、寸步難移的時候，我 70 歲的媽媽還能面不改色的大步前進，這就是從小充分運用四肢所鍛鍊出來的強大意志力。只要是自己想要做的事，他們就會義無反顧的用身體去完成。

我這個 1960 年代的人，在小學畢業以前，還有機會從事很多肢體活動。學校下課以後，玩伴們會一起在戶外玩跳房子、騎腳踏車、跳繩……直到天黑才回家吃飯。但是上了國中以後，就很少有機會活動肢體了。絕大部分時間都必須坐在書桌前，準備考第一志願高中。上了高中以後，又要努力 K 書準備考醫學院。

到了我的孩子這一世代，從兩三歲讀幼兒園開始，就要坐在教室

裡聽老師講英文、算算數、寫ㄅㄆㄇ；日常生活中，洗衣服有洗衣機，洗碗有洗碗機，主要的玩樂都圍繞著電視和電腦螢幕，無一需要活動身體，只要一隻手指頭按下去，就有機器可以代勞。從小養成四體不勤的習性，讓他們意志力薄弱，一點點挑戰就能嚇退他們，所以現在的年輕世代被視為弱不禁風的草莓族。正因為如此，我們更要刻意在教育上鼓勵孩子從事體力活動，藉以鍛練意志力。

華德福學校從幼兒園開始，就不斷安排各種活動肢體的課程，讓孩子用身體去學習。例如早上一進學校，就先讓孩子用自己的全身去玩自由發揮的遊戲，接下來有老師帶領晨圈律動，其他像是揉麵糰、捏蜂蜜蠟等課程，還有每週的清潔日，讓孩子洗自己的玩具和遊戲布、清潔校園的沙坑和戲水池、擦鞋櫃和桌椅等，都是為了讓孩子透過各種活動來使用身體。

進入小學和國中課程以後，有更多需要動手做的課程，像是打毛線，做木工、手工、金工，還要爬山、從事簡單的農耕。到了高中，孩子們必須在烈日下真正到農田裡耕種、除草、插秧，登山課還要開拔到大山去，甚至是挑戰台灣百岳。我們的高二生要接受職業實習課程，到自己有興趣的職業相關公司行號或店家，投入真正的工作……像這樣，華德福的課程就是以豐富的肢體活動貫穿整個學習過程，以期讓意志力發展到最高層次。

● 意志力的養成在於鍛鍊肌肉

我的女兒以聲樂為主修，必須天天練習唱歌。她風相的氣質，讓她先天在專注力以及意志力的持續比較差，所以在一對一的聲樂課堂上，常會聽到老師提醒她不要恍神，或是唱著唱著突然中氣不足，半途而廢。這兩項缺點就成為她學藝之路上難以突破的關卡。

然而就在高中二年級，學校的登山課去爬一趟嘉明湖以後，她突然「開悟」了。女兒告訴我說，登山真的是非常困難的事情，登上三千多公尺的過程中，只要稍不專注就會滑下來，好幾次她都以為自己會沒命，不過她最後還是活過來了，而且成功登頂。她說：「我現在發現唱高音沒有那麼難了。那麼高的山我都能爬上去，用自己的聲音唱上高音有什麼困難！」

去登山的那幾天，她都無法練唱，但是回家後上第一次的聲樂課時，老師稱讚她進步了，而且唱高音的持續力更強了，因為她不再輕易放棄。我知道這是經過登山的鍛鍊，讓她的意志力更堅強，她也在攀爬之間，無形中養成了更長久的持續專注及堅持能力。

幾個月之後，女兒參加學校的職業實習課，必須每天在實習的蛋糕店一站八個鐘頭，只能在午餐時間稍做休息。站過的人都知道，連站兩個鐘頭就會腿痠不已，但是她咬牙熬過一天站八個鐘頭的實習訓練，而且連做兩個星期直到結業。這期間，她累到回家後倒頭就睡，根本沒有餘力練唱。誰知道兩個星期後去上聲樂課，老師又稱讚她進步了。我女

兒不敢置信：為什麼荒廢了兩個星期沒有練唱，老師還說我進步了？

我告訴她，身體的鍛鍊不只是外在的肌肉，還有內臟和聲帶的肌肉也同時受惠，因為它們都同屬於肌肉系統。而身體的勞累是發展生命覺的重要關鍵，經過兩個星期嚴酷考驗，讓她有如「浴火鳳凰」，開啟了不同的知覺體驗，也練就了更厚實的「內力」。

對孩子的功課寄予厚望的父母，常常會死心眼的把孩子釘在書桌前，不讓他們有機會離開課本；想要孩子在樂器上大展長才的父母，就要孩子不間斷的苦練樂器。這種「十年磨一劍」，其餘都斷然捨棄的做法不僅悲壯，而且效果往往不如人意。

相反的，我從華德福教育看到很多學習成功的孩子，他們從豐富的生活經驗中廣泛吸取養分，讓自己的專業科目得以茁壯，結果充分享受了多采多姿的青春年華，也得到良好的學習成效。

培養孩子的情感能力，
7 至 14 歲是關鍵

意志能力、情感能力與思考能力的培養，是我們一生的功課，不過它們的發展會在生命的不同階段占有不同的比重，對於 7 到 14 歲的孩子，尤其要重視情感能力的培養。

這期間正值孩子小學到國一的學齡階段，我們要讓孩子對學習有感覺，也就是對他們的所學產生情感，發展出他們的情感能力；簡單的說，就是要「培養孩子愛人與被愛的能力」，以及與人互動的能力。不但有能力去愛別人，也有能力接受別人的愛。

或許你會認為愛的能力是與生俱來，根本不必特意去學習。在正常成長過程下長大的孩子，的確是應該發展出健全的愛的能力，但是對一些孩提時代未能被正確對待的孩子來說，愛人與被愛是非常困難的事，這樣的孩子長大以後，人際關係疏離，甚至憎恨這個世界。我們都希望孩子擁有一顆柔軟的心，不要發展成為憤世嫉俗的人，所以切莫忽略了情感能力的重要。

●心中沒有愛，人間如同地獄

我有一名罹患乳癌的 40 多歲病人，經過西醫的手術切除與化學治

療，配合中醫的調理，始終見不到應有的治療效果，而且病情還不斷惡化。我覺得很納悶，於是問她，生病的這些日子以來，是否情緒一直很低落？病人像是被說中了心事，當場淚水潰堤。

她說，當年娘家父母就十分反對這門親事，因為他們覺得女兒託付終生的對象相當冷漠，嫁給這種人將來不會幸福。但是被愛情沖昏頭的她完全不聽勸，執意就是要嫁。婚後，她和先生胼手胝足，事業經營有成，也累積了可觀的財富，正打算要開始享受美好人生的時候，她竟罹患乳癌。

就在她最需要安慰的時候，親密的人生伴侶卻翻臉不認人，不但另結新歡，還一再侮辱她，說罹患癌症的人已經是無用之人，說這個家不再需要她。最後還把小三堂而皇之的帶回家，想要逼她知難而退。

壯年罹患癌症的打擊已經叫人難承受，丈夫的薄情寡義更是把她推入人間地獄，難怪醫生用盡方法，也很難救治她的病。時間再往回推，是什麼樣的早年教養，把她的先生調教成這樣無情冷酷的人呢？

孩子愛人的能力，基本上是從母親身上學習得來的。所以我很好奇，病人的婆婆是個什麼樣的人？這才知道，她的婆婆刻薄寡恩，在她的公公罹患癌症時，婆婆就是成天詛咒老公去死。可以想見這樣的人心中必定缺乏愛，因此孩子從她的身上也很難學習到愛人與被愛的能力。這位先生對待癌妻的態度，只不過是重演當年媽媽對待癌父的態度而已。他的無情無義，是從父母那裡學會的情感對待關係。

　　沒有愛的人，不只是自己的情感枯竭，還可能危害身邊的人，連最親密的家人都一同不幸。這絕對不是多少成就或財產可以解決的。

● 過度重視孩子世俗成就的教養悲劇

　　報載某就讀台中第一志願的高中生，一個人從鄉下來到台中市求學。他的媽媽從事教職，對孩子的課業要求十分嚴格。這孩子的課業成績從小就名列前茅，果然考上第一志願高中。但是他對高中生活適應不良，後來就經常曠課，學校於是通知家長前來處理。

　　媽媽找到了這孩子，當頭就是一連串破口大罵，數落說他不成材。孩子向媽媽強烈表達自己不願再上學，媽媽絲毫不關心他為什麼會有拒學的念頭，是不是學習遭遇瓶頸？自理生活起居有困難？還是人際關係出現問題？她當下的第一反應，竟然是立刻拿起手邊的刀，作勢要割腕，威脅孩子說：「你不去上學，我就死給你看！」孩子被媽媽的激烈言行嚇壞了，只得乖乖去學校。但是才不過幾天，他就跳樓自殺了。

　　當孩子從父母那裡得到的只有壓力，而沒有感受到父母的愛，他們會失去被愛的存在感。加上從小不停的啃書，和大自然界的美好事物失去連結，因此當他的內在受到傷痛挫折時，他對世界，甚至是自己的母親都不會有任何留戀，說走就走，十分瀟灑。

　　情感未能健全發展出來的人，會與他人感情疏離，對世界懷抱憎

恨，最終讓自己無法繼續活在這個世界上。試問有哪一個父母，希望自己的孩子過著如此悲慘的人生呢？然而，就是有不少父母太重視孩子的世俗成就，以至於忽略了他們的情感發展，終於造成教養上的悲劇。

● 讓孩子感動的學習，就是情感教育的基礎

孩子的小學階段應該是在健康的情感基礎上去認識這個世界。情感教育不同於一般的自然教育，它是透過情感對外在產生的感受去全觀地認識世界。哥德說：「一個人只能理解自己所愛的。」所以情感教育必須以愛為出發點，而不是只有知識性的認識這個世界。這與一般強調的自然教育是不同的。能觸動情感的學習，才能讓孩子印象深刻。如果小學階段的學習是一種強迫性的學習，老師的教法不能讓孩子產生感動，就等於是在摧毀孩子對世界的興趣和熱誠。

有感而發的學習遠遠勝過填鴨式的強記，因為沒有情感的學習不能令人產生深刻印象，學過就忘，孩子也就完全無法對學習產生興趣。大約我這個年紀的人，聊起以前在中學階段學了那麼多的數學理化，拿來應付考試以後，幾乎都是「船過水無痕」，沒有留下任何意義。這種為考試而存在的強迫式學習，其實是在浪費時間、浪費生命。

培養孩子的思考能力，
14 至 21 歲是關鍵

我在門診看病，面對的幾乎都不是學校老師教過的問題，無法照著教科書依樣畫葫蘆來診斷開藥。如果不具備判斷和解決問題的能力，我勢必無法勝任自己的工作。

台灣因為早年的文化傳統，對醫生這個行業多所期待。父母都希望優秀的子女將來可以「貴為醫生」，保證衣食無虞的幸福生活。但是計劃趕不上變化，醫生這個金飯碗也蒙塵，前一陣子好些中醫診所都關門大吉。

身為同業，我們免不了探究其中的原因，最後歸納出結論，不外乎三大原因，分別是：醫生的醫術不精，治不好病人；醫生對病患太不親切，嚇跑病人；病人的病很棘手，醫生不想醫，乾脆要病人另請高明。而這三種狀況正好分別對應了思考、情感、意志的欠缺。

缺乏思考能力的醫生心有餘而力不足，無法解決病人的問題，甚至看錯病用錯藥，病人也會棄他而去。

缺乏情感的醫生無法視病如親，對病人漠不關心，甚至態度惡劣，所以不能得到病人的信賴。

缺乏意志力的醫生一遇到難症的挑戰就打退堂鼓，自動放棄病人。

在台灣，要想當正牌醫生，需要通過重重的嚴密關卡和激烈的同儕競爭，最後能夠當上醫生的人，至少要具備「考試機器」的金頭腦。通過重重考試千挑萬選後的天之驕子，成為醫生以後還是得面臨經營不善的關門問題，可見得只有金頭腦並不足以贏得「幸福生活」，意志、情感、思考三者兼備，才會是有能力的人。

● 美女醫師的坎坷姻緣路

我曾經和一位美女醫師共事。相處一段時間以後，才發現她是意志、情感、思考三方能力都有所欠缺的人。

這位美女醫師出身典型的公教家庭，父母十分重視孩子的課業表現，從小爸爸就不斷對她耳提面命說：「妳的本分就是讀書，只要把書讀好，其他都不必管。」

她最後果然不負期待，成為一名醫生。但是她在診所看診的時候，除了看病開藥，其他一概不聞問，公事公辦的態度很不得人緣，所以病人寥寥可數。

她說自己小時候很愛哭，每次一哭泣媽媽就怒聲斥責，她萬一哭得更大聲，媽媽就威脅要把她丟出家門，而且還真的把她趕出去過。其實幼小的孩子誰不愛哭，幼童會哭泣，是因為內在的不安全感，或是身體不舒適，需要他所愛的父母來關愛他、呵護他、安撫他。如果這樣的

需求得到適時的滿足，孩子的內在就會感受到父母對自己的愛。但是有的父母對孩子哭泣會感到不耐煩而大聲制止、斥責，甚至是動手打人，不准孩子哭。被如此不正確對待的孩子無法感受到父母的愛，很容易萌生被遺棄的不存在感。美女醫師的媽媽採取鐵腕手段剝奪了孩子的安全感，沒有讓她感受到被愛的溫暖，所以也發展不出被愛與愛人的能力。

年屆 36 歲的她貌美如花，具備婚姻市場上所有的絕佳條件，但是她設限太多，所以尋尋覓覓，始終找不到合適的對象。首先，她要求對方一定要是西醫，只因為有鑑於世俗的價值，西醫無論是大學聯考分數、社會地位都比中醫高，賺錢也比中醫多，所以她非西醫不嫁。而且這位小姐脾氣真古怪，喜歡她的她通通不愛，對她沒意思的她越喜歡，即使碰一鼻子灰也在所不惜，所以經常把自己困在不被愛的情境裡無法自拔，彷彿就是在重演她從小一直苦苦追求不到的母愛。

有一次我和她聊天，勸她說不必把對象框死在醫生這個行業，其他工作也有很多優秀的人才。她卻面有難色的說，一般上班族了不起拿個七、八萬的月薪，和醫生動輒六位數字起跳的收入沒得比，她想要享受生活，走高檔路線，就怕老公負擔不起。我說，老公付不起的，妳可以自己付呀！人生的階段難免有高低起伏，有時老公賺得多，有時老婆收入比較豐厚，兩人互相支援，有何不可呢？但是這位大姑娘家說什麼也不肯。這也透露出她缺乏安全感，因此沒有付出的能力，既沒有辦法去愛人，也缺乏被愛的能力。

由於遲遲找不到如意郎君，她終於放棄非西醫不嫁的條件，婚友社為她配到一位大學的副教授，他們也一同出去吃過兩次飯。一天晚上，副教授的媽媽突然現身診間來找這位美女醫師，兩人相談甚歡。臨去前，還邀請美女醫師有空到自己家裡坐坐。美女醫師開心不已，直說自己有受到重視的感覺。因為交往過這麼多對象，從來沒有人的父母「這麼早就出現」。

我一聽便直覺不對勁，告訴她說，這位媽媽可能是個控制狂。因為按照一般常理，年輕人總是要交往到一定程度，八字有一撇了，才會帶回家讓父母認識。但是這位媽媽迫不及待的提前現身，透露出這名副教授可能是「媽寶」，把婚姻大事的決定權交託在媽媽的手中，所以必須請示「母親大人」，待媽媽親自出馬鑑定以後，才能夠決定後續的行動。對自己的人生沒有決定權的人，儘管條件再好，和他結婚可能要有不幸福的心理準備。

然而美女醫師無辜的看著我，好像認為我在講外星話，始終無法理解我的分析。我這才發現，原來她自己就是一直生活在媽媽控制下的媽寶。三十六歲的她，每天出門的行頭還要聽命媽媽的指示，穿著媽媽準備好的衣服和鞋子，難怪她絲毫嗅不出當中不尋常的氣息。

而自從副教授的媽媽來看過她以後，副教授彷彿人間蒸發，再也沒有和她聯絡。詢問婚友社的聯絡人，對方也只是避重就輕，勸她不必對這位副教授抱持期望。直到有一天，婚友社的人在聊天的時候告訴她說：

「醫生，妳的運氣真好。妳知道嗎？這位副教授的媽媽真難搞，每次配對約會她都一定要當陪客，全權決定是不是可以繼續交往。萬一讓她當了妳的婆婆，那還真有苦日子過呢！」

事情果然被我言中了！其實，任何一名具有成熟判斷能力的「自由人」都能夠一眼看出問題所在，從跡象中分辨出好壞，但是美女醫生已經過慣了受控制的生活，所以不能發展出自己的思考能力。由於她的判斷能力不足，思考欠缺周密，所以診療也經常零零落落，寫了這個忘了那個，無法留住病人做完該有的治療。

●「華德福出品」，父母有信心

身為一名高學歷、高社經地位的醫師，卻無法自理最基本的生活安排，乃至工作能力不足、擇偶一再碰壁，暴露出成長過程的教養偏差，導致一個人空有諸多令人稱羨的外在條件，卻無法真正享有受肯定的認同和幸福生活。這會是為人父母者想要的結果嗎？

我的女兒從小讀華德福學校，今年 18 歲，就讀華德福高中三年級。我和她幾乎無話不談，當我聊到這位美女醫師的遭遇，提到男方的媽媽跑來看她，還不等我把話說完，女兒立刻眼睛一瞪，說道：「男生的媽媽想要控制自己的孩子！」

一個沒談過戀愛的 18 歲小女生，判斷力比一名 36 歲的醫生更為成

熟，頗讓我感到欣慰。「華德福出品」，果然讓我有信心。

　　學歷和社會成就不足以說明一切，我希望我的孩子幸福，這個幸福包括擁有自己想要追求的人生目標，而且還具備足夠的行動力築夢踏實，同時擁有良好的情感關係，可以和家人朋友親密互動。這樣的期望並不抽象，也非遙不可及，更不必碰運氣，因為我知道，只要讓孩子發展出健全的意志、情感、思考能力，他們自然而就會成為這般幸福的人。

Chapter 2

三個 R，
讓孩子真實感受到
父母的愛

　　「愛」是涵蓋範圍很廣，卻極其抽象的概念。我常聽到青少年向我抱怨說，他們覺得父母並不愛他們。身為旁觀者，我很清楚知道這些孩子的父母其實很愛他們，自己省吃儉用，卻捨得給孩子吃最好的，送孩子去讀心目中最理想的私立學校，學費花用龐大不說，還要額外請家庭教師為孩子補習，只因為他們希望孩子將來可以立足社會，過著幸福的生活。這也是目前典型台灣父母對孩子表達愛的方式。

然而，這些外在條件的滿足未必都能讓孩子感受到父母的愛，因此容易造成親子之間的對立衝突。付出的父母怨嘆自己「真心換絕情」，孩子卻說父母根本不了解自己，只想要控制子女。未曾經歷過物質缺乏與比較，孩子很難從中了解這便是愛，所以說，愛是一種心靈感受，不能用物質來取代。

　　在愛人與被愛之間，該如何取得平衡，讓彼此都能正確接收到愛的訊息，是一門很大的學問。大人愛孩子，為他們做了這麼多，可惜沒有用對方法，徒然造成雙方的誤會和怨懟。

　　以親子關係來說，父母為孩子的付出，必須能夠讓他們產生安全感，這也是愛的最基本要求。父母健全的愛可以讓孩子有安全感，其中包括了滿足感、存在感、自我價值感、內心溫暖的感受。

　　成長過程中，能夠被大人正確對待的孩子，內在會形成正向的情感，終其一生，哪怕走到天涯海角，內心都經常充滿溫暖及安全感受，覺得父母的愛與自己同在。所謂正確對待，就是愛要得法，體現在日常生活中，可以用三個R來表明，也就是：有規律的生活節奏（Rhythm）、重複性的事物學習（Repetition）、崇敬的態度（Reverence）。尤其是七歲前的孩子正值神經系統的建構期，如果能夠在每天進行的活動當中，實踐三個R，孩子便能夠獲得安全感、存在感和滿足感。

實踐三個 R，
輕柔喚醒孩子內在能力

孩子的成長過程，是循序漸進的生命發展過程，這是一段成長與學習並行的漫長歷程，孩子需要在安適感中，讓內在的意志、情感、思考三大能力逐漸甦醒。大人應該將這一事實牢牢記在心，不要任意驚擾或是意圖縮短時程，喚醒的過程要輕柔而有耐心。即使身為大人，在我們安適的睡眠當中，也不願意讓人粗暴的把我們叫醒。因此可以想像，孩子從夢幻逐漸被喚醒的成長過程中，如果大人手法粗暴，強迫將他們叫起，這會是多麼令人不安又不愉快的經歷。

但是目前的教養趨勢，總希望孩子可以在最短的時間內擁有大人的能力，把小孩當作小大人在教，而且是越快越好，這和人類本來的發展過程正好相違背。我們應該放下舊有的教養觀點，不再只是灌輸孩子特定的知識，以便讓他們通過考試，就以為完成教養任務。教養還有更重要的目的，就是拓展孩子的潛能與生命視野。

對幼兒來說，世界是一個充滿夢幻的模糊存在，這時候就被迫灌輸過多的知識和技巧，會讓他們夢幻的意識受到驚嚇。教養這個年紀的孩子，應該說故事給他們聽，觸動他們內心，讓他們臉上帶著微笑，而後才逐漸進展到知識的學習。在幼兒的生活中，實踐三個 R，也就是有規律的生活節奏（Rhythm）、重複性的事物學習（Repetition）、崇敬的

態度（Reverence），能為他們奠定終生受用的身心健康基礎，而不是要求他們立刻擁有大人的能力，把他們當成大人來對待。一般的幼兒園也有三個R，分別是讀書（Read）、寫字（Write）、做算術（Arithmetic）。不過這三種R與華德福幼兒園的三個R意義就完全不同了。

實踐華德福三個R的生活，可以逐漸喚醒孩子內在的意志、情感、思考能力，讓他們將來擁有正向思考，對人對事建立良好的情感互動關係，又有堅持完成目標的意志力，那麼距離幸福生活就不遠了。

第一個 R：
有規律的生活節奏（Rhythm）

● 規律性的事物都蘊含特別的力量

所有規律性的事物，都蘊含特別的力量。像是一天 24 小時，一星期有 7 天，一個月有 28 到 30 天，一年有 12 個月，12 個月裡面有四季，一星期上課 5 天休息兩天；人體心臟每分鐘跳動 72 下，呼吸每分鐘 18 下，女性每個月會來月經……週而復始的規律性，是宇宙和生物體運作的基本準則，也是維持運作效益的基本力量。

以人體來說，當某個器官組織失去規律性的工作節奏，即使本身看似完好，它的功能也已經異常，醫學上認定為生病。例如，心跳過速或是過慢，還是到了該睡的時間無法成眠，都是即將要生病的現象。可見得有節奏的規律性對生命體是多麼重要。

有節奏的規律生活可以給予孩子安全感，讓他們感受到世界的一致性。外在世界的一致性對小小孩而言尤其重要，因為這麼一來，他們的內心才不會產生無所適從的矛盾。

一致性的相反就是雙重性或多重性，生活步調變來變去，對幼兒來說分不清什麼是對的或好的，會影響將來客觀判斷能力的發展。

孩子的生活與成長學習是同時並行的，一日應有的生活節奏如果被打亂，會讓孩子遭受不安全感，甚至形成「生病」的感受。孩子生活在紊亂的作息中，從來不知道接下來會發生什麼事，無形中會削弱其意志力，所以大人應該為孩子安排日復一日的規律生活。大人帶孩子出門去玩，有時難免算不準時間，過了平日該吃飯或睡覺的時候，孩子就開始哭鬧了。這是因為突如其來的改變，打亂了他的節奏，小小孩哭鬧，就表示他失去安全感。然而大多數的大人面對孩子這樣哭鬧卻感到不耐煩，並不知道是自己打亂孩子生活節奏造成的結果。

● 學習要把握有規律的呼吸原則

大人在為孩子安排生活與學習的時候，應該切記這一規律性的原則，把握「呼吸」的訣竅，也就是有吸就有呼，在一呼一吸之間完成學習。我舉出豐樂華德福幼兒園的一日課程活動加以具體說明。

華德福教育認為，學習的過程就是呼吸的過程。完整的呼吸動作是由一呼一吸有節奏的配合完成，所以我們在課程安排上，十分重視規律的節奏性，所有的課程都是在一呼一吸的收放之間完成。

我們的孩子每天一到學校，就先玩 60 到 90 分鐘左右的自由遊戲。這是由孩子內在的自由意志產生的自發性創造，老師從旁陪伴，但是不加以干涉。對孩子來說，這是「呼」的活動。之後，老師會帶領孩子們

進行晨圈律動（morning circle），讓小朋友模仿學習，這一引導式活動屬於「吸」的過程。

接下來的點心時間，讓孩子放鬆心情自由聊天，這是「呼」的過程。之後的故事時間，或是繪畫、烹飪課揉麵糰等課程，則屬於「吸」的活動。

然後進入午餐和午休時間，這又是一個放鬆的「呼」出時間。午休醒來後，老師會帶領孩子進行手工課，像是編織、木工，或藝術課程，像是泥塑、捏蜂蜜臘，還是到戶外進行農耕、園藝，這於是又完成一組「呼出與吸入」的過程。放學前，還會有一次自由遊戲時間，讓孩子把自己的生活經驗在自由遊戲當中玩出來。

總觀這一整天的課程安排，都遵循一呼一吸的規律，可以讓孩子感到十分安適，充滿了安全感與滿足感，所以他們回家以後能帶著安穩的情緒平靜入睡。

反觀一天當中接受了過多緊湊行程或充滿壓力課程的孩子，情緒都會相當亢奮，到了三更半夜依舊難以入睡，成了道地的「磨娘精」。

呼吸是有節奏的活動，我們不能一直呼而不吸，也不能夠只吸不呼，所以呼吸之間的節奏流暢十分重要。不斷給孩子安排各種學習課程，等於是只給「吸」而沒有「呼」，所以當孩子抗議說：「我不要再上才藝課了啦！」就表示他已經吸到無法再吸，父母強逼著他非學不可，好像是強灌他：「你再吸一口，再吸一口嘛！」氧氣再好，如果硬

逼著大人只吸不呼，誰都會承受不了，更不要說孩子了。

　　許多幼兒園排課也是如此。三十分鐘的律動之後，緊接著三十分鐘英文、三十分鐘數學……沒有給孩子放鬆的時間，這是在破壞孩子呼吸的節奏，削弱他們的生命力。

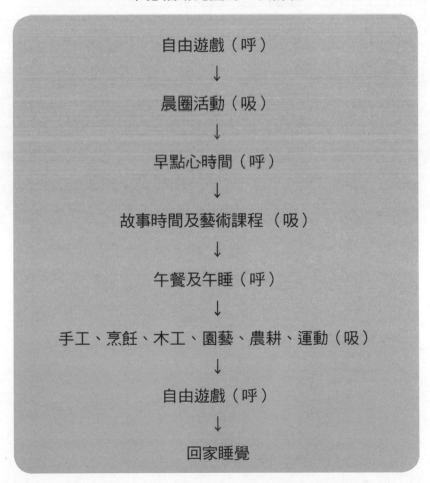

華德福幼兒園的一日課程

自由遊戲（呼）
↓
晨圈活動（吸）
↓
早點心時間（呼）
↓
故事時間及藝術課程 （吸）
↓
午餐及午睡（呼）
↓
手工、烹飪、木工、園藝、農耕、運動（吸）
↓
自由遊戲（呼）
↓
回家睡覺

● 從幼兒園回到家以後的作息節奏

　　傍晚孩子從幼兒園回到家，直到上床就寢的這一段時間，家長也應該安排有節奏的過程，例如先吃飯，再洗澡，遊戲 30 分鐘，然後聽床邊故事，最後安然入睡。一旦確認活動的順序後，就不要隨意變動，孩子才能夠預測每一項活動的後續，知道洗完澡就可以遊戲半小時，遊戲結束後便自動躺在床上等待爸媽說故事。

　　如果這些活動順序經常變來變去，孩子會感到無所適從，不知道接下來該怎麼做，當然不會主動上床準備睡覺，家長於是抱怨孩子貪玩，都不乖乖睡覺。所以說，如果在家中的作息亂無章法，即便孩子在學校養成良好的規律節奏，也難以持續發揮作用。

華德福晨圈律動對孩子未來發展的助力

　　華德福幼兒園的晨圈律動不同於一般幼兒園的律動，它包含了詩歌、跳舞、節奏內容，是濃縮了外在世界善美真的活動形式。晨圈律動的歌聲是溫柔而優美的，動作是緩慢的，都是配合孩子的身體發展所設計。除了活動肢體之外，更重要的是，孩子可以藉由這樣的活動發展他的身體空間定位，和身體成長所需的身體地圖。

　　晨圈律動的過程中，孩子會模仿老師的動作，舉凡跳躍、拍手、踏步、跪下、收縮、伸展、交叉中線，或是唱歌、作節奏、模仿老師的聲音，還是選擇一個伴，互相手牽手進行各種動作，都是透過直線、交叉、平行、圓形等的動作去體會身體的幾何。幼兒在晨圈律動中不斷的重複感受到身體的幾何，日後學習數學的幾何學時，表現都十分亮眼。這是因為自小親身經驗過身體幾何的孩子，可以輕易地將體內實際存在的幾何轉換為數學科目當中抽象的幾何學。

華德福晨圈律動
如何協助孩子的感官發展

即使是看似簡單的晨圈律動，都可以開啟孩子十二感官裡的生命覺（註）、觸覺、聽學、視覺、思想覺、自我覺，並且透過它優美而分明的形式，強化孩子的生命力量。

生命力量具有「輕」的特質，所以生命體的力量會超越物質體的重量，因此生命力旺盛的孩子可以輕快的跳躍，輕盈的舞動肢體。老師帶領孩子做晨圈律動的同時，可以觀察孩子的生命力，並且注意到他們的肢體動作是否符合年齡應有的發展。

晨圈活動是一模仿的活動，讓孩子經由模仿來改進自己發展不足的肢體動作。萬一沒有達到應有的肢體發展標準，老師還會額外給予其他活動以便補強，避免將來學齡期入學後可能發生的學習障礙。

現在進入國小的學齡兒童，常見有輕重不等的學習障礙，最大的原因，都是七歲前沒有足夠及適當的肢體活動所造成。而在華德福幼兒園的晨圈帶領下充分活動肢體的孩子，將來進小學後可以坐在教室裡專注學習，不會有過動、注意力缺乏的困擾。

> 註：人智教育裡，將人的知覺分為十二感官覺，分別是觸覺、生命覺、移動覺、平衡覺、嗅覺、味覺、視覺、溫度覺、聽覺、語言覺、思想覺、自我覺。

● 睡眠是營造生活節奏的重大關鍵

人體健康的良好運作,有賴七歲前打下穩固基礎。為孩子經營規律生活,以便培養身體的節奏感,便是這一階段的重要任務,而睡眠正是營造規律生活節奏的重大關鍵。

睡眠當中,白天接受的各種知覺,都會轉化進入體內所有的器官組織,協助成長發育和修復,舉凡循環系統、消化系統、內分泌系統、骨骼系統、神經系統、免疫系統無一不是如此。也只有在熟睡的時候,幼兒的身體才得以休息和成長,並恢復足夠的生命力,供應第二天使用。而參與這一切活動的最重要器官就是肝臟。

肝臟和胸腺是兒童成長過程中最重要的代謝器官,肝臟扮演的角色尤其重要。我們可以從以下三個面向加以說明。

● 肝臟在物質體層面的運作

首先要探討的是肝臟在物質體(肉體)層面的運作。肝臟從每天的下午三點到次日凌晨三點,會進行「同化作用」,也就是把肝醣儲存起來,在凌晨三點以後透過膽囊的分解作用,把肝醣轉化為葡萄糖,供應身體第二天起床以後的活動需要。

常言說「早睡早起身體好」,但是幾點入眠才符合「早睡」的標準呢?從肝臟的同化作用來說,學齡前的幼童應該在晚間六點半到八點之

間入睡，成人則必須在夜間九點到十點之間入睡。能夠在這一時間帶入眠，才能算是「早睡」。

晚睡時，應該進行的同化作用會被逆轉，把原本要儲存起來的肝醣轉變成葡萄糖消耗掉，供應熬夜活動的需要，導致第二天早上起床後精神不濟，同樣的狀況也會發生在其他任何年齡的人身上，因此熬夜絕對會傷身。而且唯有透過早睡，肝臟才得以修復組織，恢復活力。

● 肝臟對內在層面的運作

肝臟是意志力的基礎，可以驅動生命體將想法付諸行動。中醫學說「肝者將軍之官，決斷出焉。」能統軍的將領，必須是有勇氣做決策的人，因為將領的決策攸關戰爭的成敗，他也必須有強大的抗壓性來承擔責任。健康的肝臟可以給我們勇氣，就像統兵的將軍一樣，遇事果決，而且充滿行動力。

如果老是讓孩子晚睡，肝臟虛弱，孩子不免要變得軟弱無力、畏畏縮縮膽小怕事。升上小學以後的孩子擁有足夠睡眠，可以支持細胞組織進行正常的新陳代謝，將白天所學深植於大腦中。所以晚上早睡的孩子，無論記憶力或行動力都高人一等。

我自己就是天生早睡的人。記得小學的時候，大家都還在客廳看七點的夜間新聞，我已經昏昏欲睡，自己就跑上樓去睡覺了。第二天早上

六點左右，我會自動醒來，全家都還在睡夢中，我便一個人獨自玩耍。等到大人起床準備早點，讓我吃過早飯以後，我就帶著充沛的體力快活上學去，小學六年，幾乎天天如此。

直到現在還有很多人問我，為什麼如此精力充沛，可以身兼數職？何以能擁有強大的意志力，去執行這麼多的工作？我想，這就是奠基於從小早睡早起的充足睡眠，讓我獲益至今。

前面說到人在七歲以前主要發展意志力，我們都希望自己的孩子是個有勇氣的人，而肝臟正是勇氣之所繫。有勇氣的人可以「放膽」去行動，不會凡事畏畏縮縮。而肝膽一家親，「放膽」就是肝膽的作用。所以睡眠不足的孩子必定怯懦，意志力薄弱的人只能想像而沒有行動力。

說到這裡，我要再次提醒父母，別急著讓孩子趕場補習、學才藝，成就孩子的根本之道並不如大家想像中的困難，晚上早早上床睡覺，就是一切的根本。

● 肝臟提供九歲前孩子的體內溫暖，提升智力發展

孩子直到九歲以後，才有穩定調節體溫的能力。在這之前，他們必須藉著肝醣的燃燒來供應溫暖。體內溫暖可以讓神經系統發育良好，而神經系統發育越好，越有助於智力的發展。也就是說，早睡能夠讓肝醣發揮正常功能，有助孩子發展智力與思考力。中醫學也說「肝主謀略」，

所以肝的作用是否健康關係到一個人的思考力，以及解決事情的能力。

華德福教育建議一歲半到兩歲的孩子，一天要睡足十四小時，三到五歲的孩子一天要睡足十二小時。也就是說，如果孩子早上要七點起床，那麼前一晚就必須要七點睡覺。請問誰家孩子晚上七點上床呢？三到五歲的孩子一天如果沒有睡足十二小時，他早上起床就容易哭鬧，許多父母都以為孩子有起床氣，其實真正的原因是孩子根本沒有睡飽。睡飽的孩子會高高興興的背著書包上學去，才不勞大人費心呢！

● 不是累了才要睡，而是時間到了就必須睡

肝臟在下午三點就已經開始進行同化作用，所以下午三點以後不宜再讓孩子吃太多東西，晚餐簡單就好，這樣才能讓孩子早早上床睡覺。

華德福幼兒園從早上就給孩子豐盛的餐點，目的是白天即補足孩子所需的營養，不要留待晚上才來加餐飯，延誤了孩子的睡眠大事。這樣吃得好、睡得飽的孩子，自然能夠成為有意志力的孩子。

有的父母以為孩子只要玩累了，就會自己乖乖去睡，所以也不督促孩子養成定時睡眠的習慣。孩子玩到筋疲力竭，最後當然會昏潰而睡著，但是這當中通常會先經歷一段過度亢奮或緊張不安的情緒，變得無理取鬧。也就是說，孩子玩到疲累不堪，會開始無來由的哭鬧（看似無理，事實上都是有道理的，原因就是孩子已經累過頭了），最後才累倒

睡著。一天的尾聲，讓孩子在這樣煩躁發怒的狀況下結束，不但不正常，也會導致第二天精神不濟。

孩子良好的睡眠習慣不會自動發展出來，需要大人協助養成。到了睡覺時間孩子還不想睡，大人需要多用一點心思，準備一個固定的上床睡覺儀式為他們養成習慣。像是講床邊故事，安撫他們的情緒，讓他們不需要鬧到筋疲力竭才睡著，而是滿足的睡去，第二天早上滿足的醒來。這是華德福教育期待給孩子的理想睡眠模式。

● 睡得好的孩子，就是保持在最佳狀態的孩子

大人之所以無法督促孩子早睡，多半有幾種原因。有可能是全職照顧孩子的母親，一個人分身乏術，沒有把一日的生活節奏安排得當；也可能是父母工作太晚，孩子等待父母陪伴入睡，結果等到三更半夜；還有可能是父母親下班回到家都已經晚上六、七點，煮好晚餐，吃完飯，時間已過八、九點，等到上床睡覺都是十點以後的事了；還有的是晚下班的父母珍惜親子共處的時光，也就延後了孩子的就寢時間；而和祖父母同睡的孩子，有時看到家裡還有人醒著，就捨不得去睡，於是養成和大人一樣晚睡的習慣。種種原因，讓現在的小孩變成夜貓子，我甚至看到許多學齡前的兒童半夜十一、二點才要睡，就寢的時間竟然比我還要晚，實在太不正常。

良好的睡眠能強化腦部功能，並養成容易放鬆的特質，讓孩子經常保持在最佳狀態。

也就是說，睡得好的人就是把自己保持在最佳狀態的人。什麼是最佳狀態呢？簡單的說，就是「頭腦清醒，身體放鬆」。

晚睡除了可能造成孩子躁動愛哭鬧、個性怯懦、缺乏行動力、意志力薄弱、影響神經系統發育、影響智力發展，還會傷害孩子的心臟，埋下將來發生心血管疾病的種子，也會讓孩子長不高，甚至是性早熟。

● 晚睡讓孩子長不高

在少子化的台灣，孩子幾乎都是家中的寶，大人無不傾注全力照顧孩子，讓他們吃最好、用最好，想要將他們拉拔成健美高大的體格。但是很遺憾的，根據教育部對小學三年級學生進行的身高體重調查，發現小學生的平均身高一年比一年矮。國家未來的棟樑「小矮人化」，這恐怕要部分「歸功」於過分沉重的學習壓力，讓孩子寫功課寫到三更半夜，長期作息失調、睡眠不足。

晚睡或睡眠不足，就表示醒著的時間太長，對身體而言是一種過度刺激，進而引發人體的壓力反應，誘發腎上腺大量分泌腎上腺素。腎上腺素是一種壓力荷爾蒙，它會抑制腦下垂體功能，致使腦下垂體減少分泌生長激素，讓孩子長不高。

● 晚睡讓孩子性早熟

晚睡會刺激身體的壓力反應，促使壓力荷爾蒙分泌，擾亂腦下垂體的功能。腦下垂體統管人體的內分泌，被壓力荷爾蒙打亂運作的腦下垂體，對性荷爾蒙的調節功能也連帶受影響，很可能誘發孩子性早熟。

有一位罹患甲狀腺機能亢進的媽媽來求診。她因為服用治療甲狀腺機能亢進的西藥過敏，所以改看中醫。這位媽媽第二次來複診的時候，牽著八歲十個月的女兒一同前來。

這位小女孩已經在大醫院檢查診斷為性早熟患者，她身高不過一百三十二公分，體重二十六公斤，乳房已經發育。媽媽想要趕在女兒青春期以前，快快為她把身高抽長，徵詢我有沒有好方法。問診之下，才知道這孩子長年以來都是每天晚上十一點才就寢，第二天早上六點三十分起床。我雖然為孩子開了藥方，不過還是叮嚀母女倆人，早睡加上運動是比吃藥更有效的處方。

這位小病人一聽到我要求她早睡，立刻皺起眉頭抗議：「不行啦，學校功課那麼多，我每天放學以後，要從七點寫到十點，所以我不可能早睡，也沒有時間運動。」

不到九歲的孩子，說話又急又快，而且停不下來，身旁的爸爸還要不時制止她。這孩子讀一所全美語的私立學校，媽媽又是英文老師，所以小小年紀的她英語能力非常強，可能已經超乎我的程度。但是她最大

的煩惱就是長不高，而這正是超齡學習的後果。超齡學習會引發身心的壓力反應，晚睡同樣會刺激壓力荷爾蒙分泌，抑制生長激素活動，並影響腦下垂體對性荷爾蒙的正常調節，所以孩子長不高，又出現性早熟。

睡眠習慣對孩子的影響是如此深遠，連同將來會生什麼病，都已經在童年的睡眠習慣當中種下了因，這便是我為什麼要用麼多的篇幅來說明的緣故。

● 晚睡傷害心臟

肝臟是「啞巴媳婦」，任勞任怨，耐受度很高，所以睡眠不足首先遭殃的並非肝臟，而是心臟。

睡眠不足的孩子會產生過度壓力反應，特別是幼兒，他們會因為睡眠不足而感到疲倦，表現出易怒、暴躁、很難平靜，甚至是無法入睡的過度壓力反應，而且越是睡眠不足，他們的情緒就越亢奮。情緒一亢奮，血壓、呼吸、心跳都會加速，如果經年累月處在過度亢奮的狀態下，就會發生心血管疾病，像是心臟瓣膜脫垂。所以放任孩子晚睡或睡眠習慣不良，等同是為孩子埋下心血管疾病的種子，將來到三十五歲以後，這一埋藏的禍因就會爆發成為心血管疾病。

有一位德國華德福學校的音樂老師，帶著她從小就讀華德福學校的十二歲女兒來台中進行交流。這個十二歲的孩子一過晚上八點就開始打

呵欠，原來她一直以來都是在八點上床就寢，所以時間一到，身體便提醒她該休息了。

　　然而多數人都不理會身體的提示，辯解說：「不會呀，我的精神好得很，根本不想睡。」然後就繼續撐下去。孩子良好的睡眠習慣不會自動發展形成，必須依賴大人為他們養成，切莫讓孩子累到崩潰了才要睡，否則真的「很傷心」。

不規律的睡眠讓成人的健康也深受其害

不少大人向我抱怨說自己明明很疲累，但就是睡不著。這些人很多都是晚上十一點前就感到筋疲力竭，卻還是強迫自己醒著看電視、打電腦。身體為了提振精神，不得不分泌腎上腺素這種壓力荷爾蒙，刺激精神亢奮，繼續苦撐下去，等到半夜一兩點以後，電視劇結束，這時就算想要睡也睡不著了。所以現在很多大人失眠，是因為失去睡眠的規律所引起。

我們應該要觀察自己一天當中什麼時候最疲倦，這就是身體給我們訊息，告訴我們它已經透支，應該休息，不可以再苦撐下去。雖然有人會說，我只要撐過這個疲勞時段，就可以恢復精神。但是苦撐而來的精神是不正常的亢奮，會造成接下來無法入眠，最後還得依賴安眠藥入睡，白天起床以後頭腦昏沉，只得依賴咖啡提神，這豈不是十分病態的怪現象嗎？那麼多現代人罹患內分泌失調疾病和心血管疾病，始作俑者都是自己的任意妄為，罔顧身體規律運作的準則，又忽略身體的求救警訊，讓健康深受其害。

第二個 R：
重複性的事物學習（Repetition）

● 重複是一切學習的基礎

　　小生命的成長，依賴的就是在不斷重複中學習。離開襁褓的孩子，誰不是搖搖晃晃的站起身又跌倒，跌倒了再跟蹌掙扎站起來，直到身體終於學會保持平衡，然後逐漸學會走路；幼小的孩子誰不是重複聽同一首歌，直到能夠琅琅上口。華德福幼兒園的孩子藉著每天早上的晨圈重複同樣的律動，在課堂上重複聽故事，每重複一次，就讓孩子多發展一點，多掌握一點，並且對所學習的事物內容更加深入。

　　例如，我們的幼兒園每週會有一場由老師演給孩子看的布偶戲，孩子每週重複的看，連續一個月下來，他們就在自由遊戲的活動中玩出戲劇性的扮演，而且綜合了多場不同劇碼，創造出全新的戲。

　　對大人來說，重複或許是極其無聊的事，但是對孩子而言，它絕非原地打轉的無聊事。透過重複，孩子的學習會呈現螺旋狀向上發展的成長。每天帶著孩子在同一條路散步，觀賞沿途樹木花草的變化，如此經年累月的讓他熟悉同一個環境，也是形成安全感的重要關鍵。

　　有一位四足歲的小男孩，他的爸爸每天都固定行駛同一條路送他去上學。有一天，這條路因為挖水溝架起了路障，禁止車輛通行，男孩的

爸爸於是轉入另一條巷子。小男孩立刻非常緊張的問：「爸爸，你為什麼走這條路？你要去哪裡？你走錯路了！我沒有說要去別的地方啊！我要去學校！」

可見得每天走相同的路徑可以帶給孩子極大的安全感，而經常變換不同的路或是帶孩子去不同的地方，會令幼童感到緊張不安。

每一次刷牙、吃飯、穿衣扣鈕扣等等重複的小事，都能強化孩子的勇氣。因為每天重複同樣的節奏，給孩子重複性的學習，能養成孩子的好習慣，同時形成內在深層的安全感。這一份安全感將會時時伴隨孩子，無論他去到多麼陌生的環境、離家多遠，都不會感到不安。

● 天天有驚奇，孩子吃不消

大人喜歡為孩子換口味，每次講不一樣的故事，看似天天都有新奇變化，其實卻是在剝奪孩子深入了解故事本質的機會。大人不斷在生活中加入新事物，就是不斷給孩子新的刺激，也是在破壞孩子內在正逐漸形成的自我，剝奪他的安全感。

我看到很多家長把握每個周末假日出遊的機會，帶孩子到不一樣的地方去遊玩。前兩年台北舉辦國際花卉博覽會，不少父母遠從台中帶著幼兒上台北，又不惜排隊數小時只為了給孩子看花博。而每逢哪個景點有熱門活動，大家也不辭勞苦的抱著幼兒、提著大包小包去趕場。我可

以明白大人想要充實孩子生命經驗的用心良苦，不過這會打亂孩子的生活節奏，剝奪他深化學習與形成自我的機會。

有一個小女孩感冒才剛好起來，媽媽說要利用週末帶她上台北看花博。我建議大人最好打消這個念頭，並且保證他們如果真的去玩，孩子一定會再發燒。我都已經「掛保證」了，媽媽還是堅持要把握這個千載難逢的好機會，帶孩子去見識見識。回程的路上，小女孩果然又開始發燒了。

想要帶孩子出門的父母，不妨一年到頭都去同樣的地方，感受同一個環境的四季變化，讓孩子進行深入的觀察與學習。出遊的地方也不宜離家太遠，車程以半小時內為限。等到孩子大了，幼年時養成的安全感與勇氣將可以支持他到更遠的地方去探索世界的多變。孩子未來的世界必定和我們現在身處的世界大不相同，我們不必急著把現在的世界完全灌輸給孩子。別忘了，孩子的學習與成長是一個循序漸進的過程，提前讓孩子經驗太多事物，缺乏重複性，會讓孩子不安，也會感受到壓力，即使這是興奮的壓力，也都會干擾到深化學習的可能。

事實上，七歲前的孩子喜歡一再重複的事物。大人對聽過的故事會不耐煩，不過七歲前的孩子對聽過數十遍的故事仍然津津有味，因為每一次的重複都可以深化他的學習，而不是無趣。這種喜愛重複事物的特性，直到孩子掉第一顆門牙才停止。

　　當孩子掉第一顆門牙，大約就是準備上小學的時候。此時，孩子的部分生命力開始進入大腦，準備展開智力的學習階段。所以直到七歲前，大人不宜急著讓孩子做太多學習，包括背記注音符號、英文字母等。華德福幼兒園讓孩子唱外文歌曲，目的只是要讓他們經驗另一種民族的心魂而已，不是真的要孩子學習單字。等年紀大一點再開始智性的學習，可以學得更好。

足齡孩子學一天就會，
為何要不足齡的孩子用三年時間來學？

　　我女兒讀幼兒園的時候，我還不知道有所謂的華德福教育，不過當時的我就不願意揠苗助長，所以為她選擇了一間成天遊戲的幼兒園。可以想見，幼兒園畢業的時候，她完全不知道注音符號是什麼。眼看她就要上小學，我於是請一位任教於小學的朋友來教她注音符號。才不過一天的功夫而已，她就已經學會了。請大家千萬別誤會，我的女兒並非天才兒童，她只是在對的時間學習，就能得到最大的效益。足齡的孩子學一天就會，為什麼要讓不足齡的孩子用三年的時間來學呢？

　　身體還沒有準備好，大腦也還沒有準備就緒，硬要孩子超齡學習，孩子當然要花好幾倍的時間也學不好。這是在浪費時間做沒有意義的事，甚至還會讓孩子和家長經歷不必要的挫折，反而摧毀了學習的熱情。

童年的美好童話故事，
是孩子未來發光發熱的基礎

　　華德福幼兒園為孩子選擇的童話故事，通常有一個模式，那就是主角會遇到人生中不可能的任務，但是當他決心要執行這個艱難的任務時，在千鈞一髮的危急時刻就會有仙女或貴人來幫助他，故事的最終結局自然是圓滿的。這樣的故事讓孩子從小就感受到世界的美好，如此的認知對孩子將來長大以後的正向思考有潛移默化的作用。

　　未雨綢繆的家長免不了擔心，教養出這麼樂天的孩子，長大以後發現世界並非這麼美滿，豈不是幻想破滅、難以生存嗎？這其實是杞人憂天的想法。因為隨著智慧日漸成熟，孩子會有足夠的思考判斷能力去面對真實世界的挑戰。而小時候經歷過的美好認知，就是他用來改變世界不美好的基礎，這正是回饋社會的開始。

　　連講故事這麼簡單的事情，都具有意義深遠的影響力，可以為孩子埋下美好的種子，讓他在未來的日子裡逐漸發光發熱，親愛的父母，請務必要把這一份美好深植在孩子的心田裡。

第三個 R：
崇敬的態度（Reverence）

● 大人在生活中展現的一切，都會被孩子內化為自己的一部分

對宇宙自然的崇敬，是要養成孩子「敬虔的態度」，或者說是「神性的姿態」。這種姿態無關乎宗教，純粹是要讓孩子發自內心的崇敬這個世界。而想要讓孩子發自內心的崇敬這個世界，大人首先必須營造足以讓孩子心生崇敬的氛圍，就像我們進入教堂或寺廟，感受到其中莊嚴肅穆的氣氛，便會油然而生崇敬的心，自然不會高聲喧嘩、胡亂跑跳。

孩子的學習是從模仿大人開始，特別是幼兒，他們的感官對世界是完全開放的，他們對外界的一切照單全收，也把自己變成這個世界，所以孩子不僅僅模仿世界的外在事物，也模仿世界內在的活動。對幼小的他們來說，大人如同無所不能的巨大存在，是他們心目中的專家。所以我們在與孩子相處的時候，要時時保持醒覺，意識到自己的一舉一動與一言一行都是孩子的典範。孩子以為大人是萬能的，他們也期待看到大人對自己熱誠的態度，有鑑於此，大人應該透過語言行動和思想，表達對孩子的尊重，同時也要用尊重的態度來對待一切人事物。例如，用餐之前與孩子唱一首謝飯歌，或是唸一篇祈禱文，向滋養我們的世界表達感恩與尊敬；又比如不小心把垃圾掉在地上的時候，應該用手撿拾起來，

而不是一腳踢開；即使是把一鍋湯放在桌上的日常小動作都應該輕柔，
而不是重重的摔在桌上……諸如此類，大人在生活小細節中所展現的態
度，孩子都會吸收內化成為自己的一部分。如果大人營造尊重孩子及尊
重一切的氛圍，孩子自然也會尊重大人。

● 缺乏敬虔態度的父母，教導出言行粗魯的孩子

　　我在門診常見到青春期的孩子，在大庭廣眾面前和自己的父母「一
言九頂」，十分伶牙俐齒，氣勢絕不輸人。大人則是氣急敗壞的數落孩
子，說自己為孩子做了這麼多，孩子竟不知感恩，一點都不懂得禮貌。
其實，孩子是一面鏡子，反映大人對待他的方式。大人不懂得尊重孩子，
對他們大呼小叫，沒有讓他們感受到崇敬的氛圍，缺乏對世界自然而然
的崇敬態度，孩子到了青春期，就會反過來對父母大呼小叫，甚至憤世
嫉俗。

　　我們尊重孩子的物質體，所以不打孩子；尊重孩子的內在，所以不
大聲斥責孩子；我們也尊重其他的人事物，所以總是保持輕柔的語調和
尊重的態度。孩子並非透過大人的指令或教導來學習敬虔的態度，而是
從大人的一言一行學會自己與世界的關係。教養幼兒，對他們下指令，
要求他們把鞋子擺好、衣服掛好，對他們而言是沒有意義的。就像日本
人最愛說「孩子是看著父母的背影長大的」，為什麼是「看」，而不是
「聽」呢？因為父母必須以身作則，做給孩子看，而不只是出一張嘴，

喋喋不休、耳提面命。

孩子會模仿大人說話，也向大人學習說話，所以大人務必要留心自己的語言和說話內容。孩子要向大人學習的是真正的溝通，而不是單向的命令或是訊息傳達。華德福的老師對孩子永遠使用美好的語言，所以孩子的世界是由美好的語言構成的。我們也不對孩子胡亂開玩笑，那種只有大人自己聽得懂，孩子只能乾瞪眼的玩笑，會讓孩子心中覺得很受傷，偏偏有的大人就喜歡開這樣的玩笑。

我有一次在台北的捷運上，看到一位媽媽帶著小女孩上車。坐在旁邊的老先生看到小女孩好可愛，忍不住逗弄她，對小女孩說：「妳長得好可愛喔，跟我回家好不好？妳媽媽不喜歡妳啦，跟爺爺回家吧！」小女孩用疑惑的眼神看著媽媽，問說：「媽，妳不喜歡我喔？」

老爺爺想要對小女孩說的，也許是：「妳長得好可愛，爺爺好喜歡妳，到爺爺家來玩好不好？」可是他卻選擇用不尊重的態度來逗弄小女孩，嚇唬她說媽媽不喜歡她了，造成小女孩的恐懼不安。

在我的診所裡，來接受針灸治療的大人有時候因為家中孩子沒有人可以照顧，就一同帶來。當我幫大人針灸時，他們怕孩子碰自己身上的針，常會嚇唬他們說：「你不可以碰我的針喔，不然我叫警察來抓你！」怪了，這分明不關警察的事，父母卻硬是殃及無辜，抬出警察大人來恐嚇孩子。

即使是面對幼童，只要對孩子正確傳達自己的真實感受，告訴他們說：「請你不要摸我身上的針，因為你摸了這些針我會痛嚕！」他們也會同理大人的感受，並且感覺自己受到尊重。

大人對孩子說什麼，孩子就接受什麼，所以沒有意義又會傷害孩子、引發誤會的語言，不要拿出來對孩子說。大人想要對孩子說什麼，就請用美好的語言真心告訴孩子，透過這樣的表達，孩子能夠感受到「我在這個世界上是值得被尊敬和疼愛的」，進而肯定自己的存在價值，同時養成孩子崇敬與感恩的心。

大人要很醒覺的清楚知道自己和孩子對話的文字語言，將會對孩子造成什麼樣的影響。親子間的互動模式，會反映在孩子將來與世界上其他人的互動關係，孩子是否謙恭有禮，還是言行粗暴，都會在年幼時的親子互動模式找到蛛絲馬跡。而大人對待物品的態度，例如是否愛惜物力、是否以尊重和感謝的態度對待所使用的物品，孩子都看在眼裡，成為影響深遠的身教。

Chapter 3

三個 L，
愛之適足以害之的
教養迷思

　　相對於實踐三個R，可以讓孩子充分感受到父母的愛，均衡發展成為自由人的意志、情感、思考之三大能力，日常生活中也有三個L，是大人經常在不自覺間用來妨礙孩子、剝奪孩子安全感，讓孩子難以感受大人愛心對待的大忌。它們分別是聲光刺激（Light）、讓孩子變得懶惰（Lazy）、限制孩子（Limity）。

我們可以看到因為這三個L，造成原本情緒平穩的孩子，星期一上學變得躁動、粗魯、橫衝直撞；甚至因為這三個L的不當刺激，而被醫生診斷為疑似自閉症；還有並未罹患皮膚病的孩子，卻表現出強烈的皮膚病症狀。

　　也因為這三個L，剝奪了孩子的生活體驗，加上過度的感官刺激，強烈影響他們的情感世界，引發退縮的內在姿態，並且逐漸根深蒂固，成為內化的習慣。又因為很少使用身體，所以肌肉反射到了應該消失的年紀還殘留不退，阻礙了孩子身體的整合性運動發展。當他們想去做什事，卻感到力不從心，就會開始尋求逃避方法，衍生出種種行為問題、學習障礙。原來，大人的無心之過竟然可能造就出孩子層出不窮的身心問題，這三個L，家長們請務必要引以為戒。

第一個 L：聲光刺激（Light）

對台灣 1970 年代以前出生的人來說，聲光刺激的威脅幾乎不存在。我記得小時候家中並沒有電視，這是我六歲時才出現的現代產物。但是幾十年後的今天，孩子一出生就曝露在聲光刺激當中，電視、電腦、手機裡的電玩遊戲、汽車上的衛星導航、隨處可見的 LED 燈，都成為過度刺激孩童身心穩定的亂源。

我們幼兒園裡有一名孩子，在學校不和其他孩子互動，而且非常愛哭，總是神經緊張，充滿不明所以的恐懼，因此被醫生診斷為疑似自閉症。孩子的媽媽從此帶著孩子四處求診，服用治療藥物並接受職能治療。我後來深入了解，才知道孩子的家中永遠有電視機或收音機的聲音。我問這孩子的媽媽為什麼要這樣做，她沾沾自喜的說，讓孩子多聽多看，可以學習講話。

不妙，這個誤解太大了！這位媽媽不明白，孩子學習講話必須要透過和人互動，也必須獲得回應，而不只是單向的接收而已。我後來請這位媽媽不要再打開電視和收音機，也別再讓孩子看電視，結果孩子莫名的不安情緒便逐漸穩定下來。

● 無所不在的電視

一名 3 歲大的小女童長得乾乾瘦瘦，媽媽說她早餐胃口不好，而且總是消化不良，問我早餐應該給孩子什麼樣的食物。我建議早餐給孩子吃飯配菜是最好的飲食方式，女童的媽媽聽了瞪大眼睛，覺得不可思議。因為她就是覺得孩子吃固體食物會消化不良，所以早餐都只給她喝流質食物。我進一步了解以後才發現，原來女童吃早餐都要配電視，看得太入神就會忘了咀嚼，把食物囫圇吞下肚，當然會消化不良。電視的危害果真是無所不在。

有的大人認為，只要為孩子選擇好的電視節目，像是動物頻道或是探索頻道，就可以讓孩子從中學習和經驗更多世界的豐富奇妙，其實這是錯誤的理解。因為從螢幕上看到的大自然並非真實，孩子也缺乏足夠的生命經驗去想像和理解影片的內容。每個孩子受到電視的影響不同，有的孩子一看電視就欲罷不能，有的孩子卻對電視興趣缺缺。愛看電視的孩子，盯著電視螢幕會出其安靜。很多大人都知道，對付吵鬧不休的孩子，只要打開電視，就可以讓他們好像中了魔法似的安靜閉嘴，所以有人戲稱電視是最好用的保姆。

大家有所不知，孩子會這麼安靜，是因為進入發呆出神的狀態，當然不懂得吵鬧。可是當你把電視關掉，孩子會從發呆出神轉而進入粗暴、野蠻的過動或是自閉狀態。所以電視兒童在學校常常是橫衝直撞，完全不懂得什麼是「崇敬的氣氛」，因為他們平日已經受到過度聲光刺激。

· 電視迫使大腦採取「停止運轉機制」

華德福教育並不建議讓孩子看電視。關於這一點，我們可以舉出一項名為「停止運轉機制」的實驗研究。這個實驗告訴我們，嬰兒並非被動的任由環境擺佈，他們的身體對外來的干擾性刺激會採取強大的反應，稱為「停止運轉機制」。當我們給孩子一閃一閃的光線刺激，大約十五方鐘左右，孩子的大腦會自動停止運轉，進入假性睡眠狀態，也就是眼睛雖然張開，繼續接受光線刺激，不過這時的腦波已經進入一種睡眠狀態，藉此隔離外界對他們的過度刺激。而身體採取這些反應，是需要耗費大量能量的，如果大人不對孩子製造這麼多不必要的刺激，他們大可以將這些寶貴的能量用來做更有效的利用。

各位如果把家中的燈光全部照明關掉，只留下電視繼續播放，就會發現電視的螢光幕其實在不斷閃爍，就如同上述實驗中的光刺激源，所以讓孩子看電視的光刺激，會干擾孩子，讓他們的大腦應接不暇，迫使腦部進入「停止運轉機制」。大人誤以為孩子坐在電視機前動也不動，是太過專注的緣故，其實他們正處於發呆出神的狀態。

· 看電視導致「再進入困難症候群」，讓孩子行為失常

正常的孩子，特別是幼兒，應該是經常動個不停才對，因此看了很久的電視才從「停止運轉機制」中醒過來的孩子，會經歷「再進入困難

症候群」，而出現行為退化現象，包括變得壞脾氣、吹毛求疵、不開心，或是萬分疲倦，或是急躁易怒、野蠻無理、過動不安、行為粗魯、神經質而焦慮，甚至是漫不經心無法專注，或是很難與人相處，還是經常抱怨「無聊」。有這些表現的孩子，容易被醫生臨床診斷為過動或自閉，事實上他們只不過是因為看了太多電視，而持續表現出「再進入困難症候群」的症狀。

在幼兒園中工作的老師，經過一個周末以後，星期一就常會看到孩子出現「再進入困難症候群」的表現。可想而知，孩子應該是假日看了太多電視，或進入聲光刺激吵雜的場所，像餐廳、百貨公司、大賣場等，而變得躁動不安。

有些大人在經歷一整天的各種壓力以後，會想要看電視紓壓。他們手上拿著電視遙控器，從第一台頻頻切換到一百多台，其實並非真的在看電視，只是讓自己發呆放空，進入一種假睡眠狀態。但是成長中的孩子大腦十分活躍，身體四肢也渴望活動，真的不需要電視來攪局，干擾他們的正常發展。

1972 年有一個醫學解剖研究便發現，腦部的解剖組織和化學結構會因為過度刺激或是缺乏刺激而改變。坐著看電視是一種單向的訊息傳遞，是缺乏參與和互動的行為，而大約五歲的孩子，都還會以為電視裡面住著人，他們不能理解電視裡的人為何不和自己說話，因此會造成和其他人互動困難的結果。所以經常看電視的孩子非但不會變聰明，他們

的心智和身體還會受到不良影響。

　　我鼓勵大家試著把家中的電視束之高閣，對幼兒來說，只要用一塊布把電視蓋起來，他就會以為電視不見了，根本不懂得去把布翻開，將電視找出來。不過四歲以上的孩子如果見過大人看電視，那麼這套方法就不管用了。

「停止運轉機制」實驗

　　「停止運轉機制」實驗，是將一群嬰兒放在一間屋子裡，在距離他們頭頂上方五〇公分高度放一盞燈。先把燈打開三秒鐘，再關掉一分鐘，又打開三秒鐘，再關掉一分鐘……如此反覆進行。實驗全程監控嬰兒的心跳、呼吸和腦波，想要知道燈光的閃爍是否對他們造成哪些影響。

　　結果發現，燈光第一次放亮，嬰兒受到驚嚇反應，而隨著燈光多次明滅之後，驚嚇反應的強度逐漸減弱；到了第十次，受試嬰兒的腦波、心跳已經不起特殊變化；直到第十五次，嬰兒的眼睛雖然繼續接受光源刺激，腦波卻呈現睡眠狀態；第二十次，光源刺激停止以後，嬰兒突然從這種假性睡眠狀態中驚醒過來，大哭、尖叫、全身不停激烈扭動。

　　電視、電腦都會帶給孩子對世界感到不一致的經驗，這種分裂性的、讓人分不清真假的虛擬特質，使孩子的內在無法與外在真實連結，造成將來判斷力發展的問題。

● 聒噪不休的衛星導航系統

我們的幼兒園有個孩子，每到自由遊戲時間，他什麼也不玩，總是一個人到處閒晃蕩，嘴裡念念有詞：「文心南五路……中山北路……」一長串的路名，在他口中如數家珍。原來，他每次一坐上家裡的車，爸爸就習慣打開衛星導航系統，孩子無形中受到不斷的聲光刺激，養成奇特的行為。這並非特例，只是這孩子表現得特別強烈。

● 過早的藝術陶冶

不少求好心切的父母，喜歡帶孩子到美術館、博物館去欣賞藝術展覽，或是到表演廳去接受戲劇、舞蹈、音樂表演的薰陶，想要提升孩子的文化氣質。但是對七歲前的孩子來說，他們的理解太有限，看不懂聽不懂也就罷，還會受到過度的感官刺激。孩子需要的是大人溫柔的對待、過著規律有節奏的生活，大人也許會擔心這樣單調乏味的過日子是否剝奪了孩子的學習機會，但其實學齡前孩子需要的是在重複的生活步調當中不斷深化學習。即使連欣賞兒童劇場，都不是這個階段的孩子可以消化吸收的。

常見父母為孩子安排了一個多采多姿的周末假期活動，緊接著星期一在學校看到孩子，就出現了明顯的「星期一症候群」，孩子躁動吵鬧，靜不下來，失去原本的規律性。

因此我們建議有幼兒的家庭，周末假期一樣要過著和平日一致的規律生活，到附近的公園散散步就是最好的活動。經常到同一個地方去感受大自然的四季變化，對幼兒來說已經足夠。如果要出門去玩，車程最好也不要超過半小時。有的「熱血」父母開車載孩子上山下海四處去，一回家孩子就生病發燒了。他們不知道，就算是寬敞舒服、設備周全的私家大轎車，只要坐久了，不能自由活動，就是對孩子的過度刺激。因為孩子的生理特性就是要不停的動，把他們侷限在一個空間太久，他們一下車必定會到處橫衝直撞，試圖伸展肢體、釋放壓力，等到能量紓解以後，他們才能夠安靜下來。也因此，我們的幼兒園沒有校車，不載遠路的孩子過來上學，因為娃娃車在路上繞太久，會對孩子形成不良的刺激和壓力。

● 人群雜沓的公共場所

很多父母會把孩子帶去逛百貨公司或是大賣場、到人聲鼎沸的餐廳吃飯，想讓孩子參與熱鬧有趣的生活。這些場所的共同點就是密閉的環境、眾多的人潮、吵雜的聲音、炫目的燈光、目不暇給的新奇事物、空氣中充斥著化學氣味，無一不是對孩子的感官造成過度刺激。

孩子要的其實不多，傾聽大自然的潺潺流水聲、徐徐風聲、淅瀝瀝的雨聲，還有蟲鳴鳥叫狗吠，看著天空飄過的雲朵、樹叢間灑下的陽光等，都能帶給感官美好的體驗，而這些就是他們最好的生命經驗了。

● 大人的言語刺激

大人對孩子做出各種不當的言語刺激，是我在幼兒園常常見到的事情。例如，有個兩歲半的小女孩放學了，她的阿嬤和媽媽到學校接她。阿嬤先進到學校，老師將孩子今天在學校尿濕的一小包褲子交給阿嬤，請阿嬤帶回去處理。這麼簡單的一件日常小事，在媽媽隨後進來即出現變數。

只見阿嬤對媽媽告狀說：「妳女兒又尿濕褲子了啦！兩次喔！」媽媽一聽，反應十分激動，頻頻質問女童說：「為什麼？為什麼會這樣？妳明明就已經會講說自己想尿尿了，為什麼還尿褲子？」

孩子看到媽媽來接她，本來非常開心的衝上前去，不料迎接她的熱情的卻是媽媽連珠砲似的質問，孩子感覺到強烈的挫折感，不高興的把嘴一撇，「哼」的別過頭去。這回輪到阿嬤有意見了，她數落女孩說：「吼，這女孩子個性怎麼這麼壞，講兩句就生氣，說都不能說。」

這一整個過程，兩個大人不停對孩子進行言語刺激，挑起孩子情緒反應，卻還要反過來怪孩子情緒太多。

小女孩的媽媽原本就是我的病人，她在懷孕期間完全無視於我的勸阻，吃了太多冰品，她非吃不可的理由竟然是：「沒辦法，我太熱了。」結果這孩子生出來以後胃腸很差，還患有嚴重的異位性皮膚炎。當她不斷質問女兒為什麼要尿褲子的時候，我突然也很想質問她：「當初妳懷

孕的時候，叫妳為了孩子好，不要吃這麼多的冰，妳為什麼、為什麼就是一意孤行，不聽勸？」

當然，這時候才來翻舊帳已經沒有意義，就如同追究一個不到三歲大的孩子為什麼要尿褲子一樣，是根本沒有必要的。我們必須了解孩子的年齡發展和相應的成熟度，不要過度苛責，給予言語上的刺激。

‧ 不當言語刺激破壞孩子自我保護的界線，引發疾病症狀

一位爸爸帶著七歲的孩子來看診。這孩子的主訴症狀是異位性皮膚炎，頭頂的病灶癢他得晚上無法入眠。我檢查孩子的皮膚，看不出有異位性皮膚炎的症狀。可是爸爸堅持這孩子總是不停抓癢，尤其是喜歡抓搔自己的頭。我後來在和這位父親的談話過程中，終於找出問題的癥結。

這位爸爸自幼喪父，所以從小學會咬緊牙關過生活，樣樣都得自立自強。我觀察他火相氣質明顯，在面對困難的時候，只會越挫越勇，所以他才三十多歲就已經擁有自己的營造事業。「虎父無犬子」，如此的強人性格自然讓他對自己的孩子充滿期待，想當初他一個人都能打拼出這般傲人的成績，孩子有他這樣的爸爸做後盾，焉有不成功的道理。

我也觀察到他們父子的互動，只要孩子候診的時候沒有端正坐好，就會被爸爸高聲斥責，聲量之大把我也嚇了一跳。我問孩子問題的時候，孩子只敢小聲回答，又被爸爸厲聲糾正說：「大聲一點，說大聲一點，聽到沒有！」雖然說愛之深責之切，但是爸爸對孩子的管教宛如在

軍隊裡進行軍事化管理，已經嚇壞稚齡的孩子。

　　我大概看出了端倪，於是向這對父子解釋說，孩子的病情並不嚴重，大人只要對孩子說話和顏悅色，並且絕對不打罵孩子，就能有效幫助孩子的病好起來。我會在孩子面前這麼說，也是希望七歲的孩子可以逐漸學會保護自己的界線。

　　兩個星期以後，孩子前來複診，皮膚搔癢症狀改善很多。我聽孩子的媽媽說，自己的先生在這兩個星期當中十分自我克制，偶爾故態復萌，嗓門大起來，孩子會提醒他說：「喔，爸爸，醫生說你不可以打我，也不可以對我大聲喔！」

　　事實上，這孩子並沒有皮膚病，但是他非常焦慮，情緒十分緊繃，隨時害怕被責罵。他只要被罵，就會忍不住抓癢。我看到很多異位性皮膚炎的孩子，都有凡事過度緊張或是強勢跨越孩子界限的父母，引發孩子的情緒焦慮。

　　皮膚是人體隔離外界環境的界線，也是身體的保護層。孩子尚未形成自我意識之前，他的意識只能停留在父母身上，他的人我界線也不完整，大人的高聲斥責，就是侵犯了孩子的界線，讓他們無形的界線破損，反映在身體有形的界線，也就是皮膚上，形成所謂的皮膚病。所以父母必須保護孩子的界線，不應該任意跨越，造成他們的心理威脅，甚至發為皮膚病。

對孩子不恰當的言語刺激，甚至是肢體刺激，不只是影響孩子的生長發育，還會造成疾病，這都是身為父母者始料未及的結果。

基本上，大人對孩子講話的聲調、內容，都會影響孩子身體的功能運作。例如，對孩子大聲斥責或是提高嗓門說話，會讓孩子受到驚嚇，全身的血液循環突然中斷。我們都希望孩子腦部神經連結發達，反應靈巧聰明，但是這樣驚嚇孩子，豈不是正好反其道而行，抑制了他們腦部的發展，也傷害了孩子們的健康。請用你溫柔的聲調、美好的語言，為孩子講述光明的故事，這就是父母能為孩子做的最好的事情之一。

孩子越大聲，老師越小聲

　　華德福的老師對孩子十分溫柔，而且孩子愈大聲，老師就愈小聲，和一般的幼兒園很不一樣。孩子精力旺盛，稍微一興奮就高聲喊叫，所以一般幼兒園的老師需要有過人的丹田，和孩子比嗓門，惡性加碼的結果，非但達不到「恐怖平衡」，還會演變成雞飛狗跳的局面，孩子更加躁動，無法安靜下來。

　　這時候，老師壓低聲音，反而會引起孩子的注意，想要聽清楚老師在說什麼，自然會逐漸平靜下來。這就是華德福幼兒園維持平和溫馨氣氛的一大訣竅。

第二個 L：
讓孩子變得懶惰（Lazy）

懶惰和意志力是相衝突的。懶惰是不喜歡用四肢做事，不願意活動身體，所以事情就會被擱置無法完成。不用身體的孩子，小肌肉無法強壯，四肢肌肉乏力，自然沒有力氣做事，而變成凡事依賴、沒有意志力的人，這絕非父母所希望。

● 凡事代勞，養成孩子四體不勤的懶惰習慣

幼兒園的孩子會背個小包包來上學，裡面裝一些乾淨衣物以便換洗。不少孩子一見到大人來接他，就很「自動自發」的將包包塞給大人，自己無包一身輕，這就是養成懶惰習性的開始。雖然只是學齡前的孩子，有些簡單的日常小事，像是扣釦子、穿衣服，都應該由孩子學習自理，華德福幼兒園甚至會讓大一點的孩子學習切水果，讓他們經驗真正的工作。

父母就是父母，不是孩子的驢子或書僮，愛孩子的父母要讓孩子適度承受一點重量，才能夠鍛鍊出他們的意志力。其他像是幫孩子剝香蕉、把西瓜子先挑掉等竭盡所能為孩子服務，讓他們過著茶來伸手、飯來張口的日子；老是讓孩子坐著看書，不讓他出去活動；衣服襪子都要

幫孩子穿到好，不讓他們有自己動手的機會；處處專車接送，孩子不必自己走路⋯⋯這些都是在剝奪孩子的學習，從小養成孩子懶惰的習性。

前面提到我們的華德福幼兒園沒有娃娃車，就是要避免校車一一載送孩子繞呀繞，讓他們停留在車上太久時間，不僅是一種不當刺激，也會養成孩子四體不勤的懶惰習慣。

● 放手讓孩子學習最切身而有用的生活體驗

我的外子是西醫，從小在家中受到悉心的照顧。公婆總是對他說：「你什麼都不必做，只要讀書就好。」。反觀我自己，我也是醫生，但是父母從小要求我樣樣都要會，什麼都得跟著做。和外子結婚以後，連怎麼煮飯都不會的他，在家中幾乎就成了「閒閒沒事做」的書生。有一天我忙到分身乏術，請他到市場幫我買一把菠菜，他去到攤位前，對老闆說「我要買菠菜」，老闆回他說：「就在你面前啊！」

有一陣子他長了濕疹，我告訴他長濕疹的人不可以吃芝麻和花生這類「發物」，不然皮膚會更癢。但是五穀不分的他看不懂素食餐廳裡的複雜菜色，常常誤食了發物又不自知，像是手捲裡面都會有花生粉，他卻吃得津津有味，渾然不知已經「誤觸地雷」，所以病灶癢個不停。

身為一名醫生，他經手過成千上萬名病人，絕對具備足夠的專業能力，但是他沒有做家事的經驗，缺乏最基本的生活常識。我只好不厭其

煩的一樣一樣從頭教起，也把他教會了。他現在不只是給病人治病的處方，還可以把最切身而有用的生活常識教給病人。

生活的體驗就是這麼重要，父母一定要放手讓孩子去學習。樣樣代勞，甚至還有外傭伺候，只會剝奪孩子成長的機會。

學童肌肉活動不足造成學習障礙

養育過孩子的人都知道，孩子出生以後，會有很多原始反射動作。這些動作是嬰幼兒在自主活動尚未成熟以前，為了穩定自己的姿勢所產生的肌肉張力調整反射。而種種原始反射通常在寶寶出生六至八個月就會消失，他們也會開始學會自我控制軀體，並配合感官知覺，逐漸發展出協調的自主動作。而如果遲遲未能發展出這些自主協調性，就會成為所謂的學習障礙。

舉「害怕反射」為例。當你抱著小孩時，必須扶住他的頭頸，如果大人扶著頭頸的手突然放開，孩子的四肢會猛然一放，這就是害怕反射。這一害怕反射形成於九個月大的胎兒，而在出生後二到四個月就應該消失。可是學齡前肢體活動不足的孩子，害怕反射一直未消失，進入學齡以後，就會出現無法玩丟接球遊戲等的障礙。他們看著球丟過來，不會迎上前去用雙手接球，反而本能的向後倒退雙手外張，任由球砸到自己。同樣的，萬一有人要欺負自己，這樣的孩子不懂得上前抵抗，只能退縮挨揍。

「迷路張力反射」則是腦部前庭系統主動且持續刺激抗重力肌肉群收縮的典型表現，這個反射到學齡期還未消失的孩子，就會出現仰著身體或是弓著身體看書的姿勢。大人不明所以，每次看到孩子做功課的姿勢吊兒啷噹，就氣呼呼的糾正，卻是徒勞無功。因為孩子勉強在大人面前坐正以後，沒有多久身體又往下滑了，經常有如趴趴熊。

　　學齡期孩子的學習障礙，在他們幼年的成長過程都有跡可循，而這和大人的對待以及養育方式絕對有關。

● 適度勞累有益身心

現在大多數的孩子都是在大人的殷殷保護下長大，大人總是竭盡所能的避免讓孩子疲累，所以孩子出門有車坐，書包有大人背，只要讀書就好，家事不必沾手，這絕對不是孩子的福氣。

身體其實知道什麼對自己最好，所以孩子總是坐不住，活動身體的時間很長，就是要讓自己去經驗疲累。父母應該讓孩子用自己的身體工作，而不是整日坐在教室聽課；給他們自己走路的機會，而不是到哪裡都坐車；讓孩子自己爬樓梯，而不是抱來抱去……透過適度的勞累，孩子才得以體驗到休息能夠恢復生命力，而這樣的生命體驗很重要，因為他會知道休息之後自己將會好起來，所以很多勞累是可以忍受的。小時候的疲累經驗可以強化孩子的生命覺，逐漸養成孩子堅忍等待的能力與生命的韌性。

經歷疲累是生命當中辛苦的體驗，不曾經歷辛苦或痛苦的孩子很難對別人產生悲憫的同理心。常見到很多父母無微不至的照顧孩子，等到孩子長大進入叛逆期，開始會和爸媽頂嘴，爸媽忍不住抱怨孩子不懂得感恩，不能體諒自己為孩子從小到大吃了多少苦、做了多少犧牲。這也難怪孩子不知感恩，因為大人捨不得孩子辛苦，他們從來沒有吃苦，又怎能體會父母所說的辛苦呢？

經常活動肢體的孩子會在下意識中知道自己必須經驗生命中的勞苦，同時在心靈深處持續準備練習受苦，於是形成悲天憫人的能力。

第三個 L：限制孩子（Limit）

　　如今的孩子所處的成長環境，與我們小時候有很大的不同，尤其是都市裡的孩子，他們的成長環境處處充滿限制，讓他們失去很多充分活動肢體的機會，與自己去使用身體的經驗。又加上大人處處限制孩子，使得他們很多內在能力都無法發展。

　　根據統計，媽媽每八〇秒就會對孩子說「不行」。下禁令已經成為普天下媽媽的口頭禪，不斷的限制孩子：「不行，沙坑太髒了，不要去碰。」「不行，溜滑梯太危險了，不准去玩！」……最常見的就是要求孩子乖乖坐著不要亂動，或是用不恰當的規定和教條限制孩子。每次在診間看到被大人過度限制或壓抑的孩子，我都會和家長聊一聊，藉以開導他們。

●對孩子做「非分要求」，是用大人的無知來責備孩子

　　有一名被診斷為過動症的三歲孩子，父母為了帶這個孩子傷透腦筋，然而我怎麼看都認為這孩子再正常不過。孩子的父母抱怨他不懂規距，和阿公講電話講到一半就跑掉了。他們認為教養孩子要趁早，所以一再教導他講電話要「有始有終」，道過「再見」才可以掛電話，方能符合電話禮儀。我告訴他們，要求一個三歲的孩子立刻放下手邊的遊戲，規規矩矩的講電話，這本身就是一項不合理的要求，有問題的是大

人，而不是孩子。

孩子的媽媽還抱怨說，她明明和孩子約法三章，遊戲只准玩到幾點，之後就必須把玩具收好，可是孩子都不能遵守約定，讓大人非常惱火。大人會做出這樣的要求，基本上就犯了兩大錯誤。首先，三歲的孩子並沒有時間概念，和他約定時間是沒有用的；其次，不應該叫幼童自己收拾玩具，而是要陪著他們一起收，大人帶頭做給他們看。孩子的學習都是從模仿開始，尤其是七歲前的孩子，所以大人必須牽著孩子的手，帶著他們說：「來，我們一起收玩具。」而不是直接對孩子下指令。

大人因為不了解孩子的發展，對他們有「非分的要求」，一旦孩子不能達到大人設定的標準，就責罵他們不乖，老是惹大人生氣，這是用大人的無知來責備孩子，孩子真是有冤不得伸張啊！

孩子天生就是要不停的動來動去，因為他們動作笨拙，必須藉由一再活動身體，才能學會平衡、起身、走路、操作各種物品，父母要求孩子不要動，他們要如何學會生活的最基本技能呢？

想要讓孩子靜下來，必定要有足夠的誘因吸引他們，值得他們靜下來，像是說一則美麗動聽的故事，就可以吸引他們專注。如果只是一聲令下，規定不準動，不出三秒鐘，孩子的天性又會讓他們蠢蠢欲動了。

● 不讓孩子生病反而有害健康

台灣少子化的社會，還出現一種「不讓孩子生病」的普遍現象。乍聽之下，父母很寶貝孩子，捨不得他們生病受苦。然而，生病當然是不得已，卻不完全都是壞事，生病有其意義，我們要懂得解讀其中的意涵，來幫助孩子的生命更臻圓滿。

・ 孩子生病的意義

基本上，老天爺不會讓人生一個好不起來的病，生病是要讓孩子在痊癒的過程中得到好處。經過一場病，我們必定會有所學習和進步。

前面講到孩子必須適當的經驗勞苦，同樣的，孩子也必須適當的經驗病痛。孩子一發燒就使用退燒藥，一發作氣喘就使用類固醇，把症狀立刻壓下來，其實都只是過度焦慮的大人想要讓自己安心而已。人會生病，就表示還有需要學習的事；不讓孩子生病，就是不讓孩子學習。

有一個罹患氣喘的九歲獨生子。他每次感冒一定發燒，併發氣喘，父母怕孩子受苦，總是心急如焚的帶來看病。這孩子之所以經常感冒，全是因為脾氣太拗。天冷的時候，大人叮嚀他要多加一件衣服，他偏偏就是不肯，所以身體常常受寒。

有一次，他的父母又急匆匆的帶他來看病，不巧我剛好請假不在，孩子的爸媽這回吃了秤砣鐵了心，決定要讓這個牛脾氣的孩子好好「品

味」自己種下的苦果，不帶他看醫生，讓他在家發燒幾天。整整三天以後，他靠著自己的自癒力好起來，也從此學聰明了，他對媽媽說：「以後妳叫我穿衣服，我會聽乖乖聽話了。」

這就是孩子經由生病的痛苦領受到益處。身體的病痛能提醒我們學會自我約束和產生意識，就像這孩子從此學會如何照顧自己的衣著，才能夠不再生病受苦。

又比如說，大一點的孩子貪玩，晚上不睡覺，結果頭痛生病。生病受苦可以讓他知道必須約束自己的睡眠時間，而不是無限制的任隨自己的喜好行動。如果一頭痛就吃止痛藥，孩子無法從病痛當中學習教訓，勢必一再重蹈覆轍，不能獲得成長。

‧ 不讓孩子發燒的後果

幼兒園裡有個孩子，從小只要一感冒，父母就急忙帶他看醫生打針吃藥，因為用藥太多，這孩子體質越來越孱弱，最後罹患氣喘。氣喘發作有可能危及生命，所以醫生開始要求他使用類固醇，類固醇具有抑制免疫反應的作用，也有止痛的效果。一天，這孩子在學校被掉落的樹枝割傷腳背，但是他竟然沒有一點疼痛的感覺，直到進教室以後，老師看到孩子腳上的傷口，要為他處理，這孩子卻面不改色，一點也不在乎。

如果是生命覺發展較為良好的孩子，遭遇到同樣的狀況會感到疼痛、害怕，還可能會哭泣，要求包紮傷口。但是經常使用藥物，會降低

孩子的生命覺，對病痛缺乏感知。生命覺發展不良，遇到疼痛或危險也不知道害怕，會威脅到孩子的安全。生命覺可以說是從痛覺當中發展出來的感官，生命覺發展得好的孩子，會懂得自我保護。

還有一個孩子，經常感冒發燒，父母總是求助退燒藥。這孩子胃口很差，個子又瘦又小，父母擔心他長不高，於是請我為孩子調養體質。我要求家長不要每次孩子一發燒就服用退燒藥，媽媽面有難色的說，這孩子發燒很容易熱痙攣，不立刻退燒會有危險。我於是退一步要求說，學齡前的孩子本來就很容易發燒，消化不良會發燒，累過頭會發燒，睡眠不足也會發燒，任何情況都可能誘發身體的發燒反應，所以在為孩子調養體質的半年內，盡量不要帶孩子出遠門去旅行。

可是這孩子的父母並沒有體認到事情的重要性，依舊隨興帶孩子出門遊玩。有一次，孩子已經感冒，他們全家仍開車到山上旅行。第一天，孩子玩得很瘋狂；第二天，車子還開在山路上，孩子就發燒了。父母因為擔心孩子又會發作熱痙攣，所以立刻祭出退燒塞劑。孩子的媽媽說，她無法不給孩子用退燒藥，因為只要孩子一生病，她就擔心害怕，一夜不能闔眼。換句話說，媽媽也是不想要累壞自己，所以尋求退燒藥的立即效果。

像這樣每次發燒就立刻使用退燒藥，身體不必經由自己的努力燒就退下來，會造成免疫系統始終發展不出更好的能力，所以往後發燒會一次燒得比一次嚴重。

另一位媽媽則採取完全不一樣的做法。她接受人智醫學的建議，在發燒的孩子身邊觀察照護了三天。第三天，孩子全身長出玫瑰疹。她打電話問我該怎麼辦，我告訴她玫瑰疹大約三到四天會自然退去。她於是又耐心照顧了孩子三天，直到疹子退去。這幾天，孩子的胃口始終很好，並未因為生病而消瘦。生完這場病以後，大家都發現這孩子突然長高了。

從以上可知，大人的信念和處理態度會影響孩子發展出不一樣的健康結果。所以大人應該克服自己的心理障礙與焦慮，選擇真正有益於孩子的方法。當孩子生病的時候，給予細心的照顧，勇敢堅強的陪伴，讓孩子靠自己的力量退燒，那麼下一次生病發燒的間隔時間將會拉長，發燒的溫度也會降低，孩子變得越來越強壯不易生病。

‧ 不讓孩子咳嗽，只會越咳越嚴重

小孩子很容易咳嗽，有的孩子晚上一咳起來就無法入睡，咳得大人心疼不已，趕緊餵孩子服止咳藥物。但是中醫認為「無痰不作咳」，如果不是肺炎這類危急的病，咳嗽都只是排痰的正常反應。感冒的初期有上呼吸道感染，肺部會出現痰液，所以必須把它咳出來。

夜間躺下來以後咳得更凶，原因有二。一是呼吸道積痰，當身體躺下來以後，細支氣管不受地心引力影響，所以裡面的纖毛努力要把痰排出，誘發一連串的咳嗽。另一個原因，有可能是鼻涕倒流刺激咽喉，讓喉嚨發癢咳嗽，而它的危險性就更低了。

以上兩種情況，其實都不值得緊張，只要把痰液排出，咳嗽自然會好。如果不願孩子咳嗽，而讓他們服用止咳藥物，反而會拖延病程。因為有痰不出，用止咳藥暫時鎮住，等到停藥以後，身體的自癒反應又會啟動排痰機制，孩子便再度咳起來。這樣來回反覆，不僅咳嗽不好，胃口也因為服用太多藥物而變差了。像這樣，大人處心積慮不讓孩子生病，結果反而傷害了孩子。

發燒是身體有產熱的需求

　　華德福教育認為，一個人從出生到二十一歲形成完整自我的階段當中，最常出現的疾病症狀就是發燒，特別是在七歲前，孩子生任何病幾乎都會發燒，就連不生病的時候也會發燒。哪怕只是去參加一個慶生會，或是出去玩得太累也要發燒。人會發燒，是因為身體有產熱的需求，這一點，無論大人小孩都一樣。

　　人體內的各項功能在37℃左右運作狀況最好，也最能夠發揮良好的免疫功能。但是現代人習慣空調環境，小孩子從一出生就吹冷氣，大家吹得理所當然，反而忽視了這原來是一種不合理的行為。一年四季的輪轉當中，會出汗的季節大概就是夏季了。身體出汗可以散熱、排毒，對健康大有意義，只因為出汗的感覺不舒服，大人就開冷氣讓孩子圖個涼快，罔顧出汗的健康作用。

　　我的孩子從小就不吹冷氣睡覺，這是有原因的。吹了冷氣的身體，體溫會逐漸下降，降到36℃左右，身體就會發抖藉以產生熱能。我

們又無法完全禁絕孩子偷偷跑去買涼飲喝，而涼飲下肚，體內溫度可能降到35℃左右，身體會開始出現虛性便秘、自律神經失調、過敏反應等一連串症狀。不但如此，這樣的低體溫是病毒和癌細胞的最愛，等同是讓自己曝露在種種不健康的風險之下。

　　日常的環境溫度、飲食的溫度和寒熱性質都會在我們不知不覺間影響體溫，當身體試圖要產熱，以提高體內溫度的時候，我們卻服用退燒藥，讓體溫更快速下降，結果身體自然產熱的努力付諸流水，留下不良的後遺症。

人智醫學如何看待孩子發燒

人智醫學並不建議隨意幫孩子退燒。這一點，我在《病是教養出來的・第一集・孩子的四種氣質》當中，已經有詳細的說明，而它在執行方法上和現代醫學有些不同，所以我在此補充解釋。

孩子發燒至少有四大功能，分別是：1.強化免疫力；2.促進性格更趨成熟；3.讓個體長大以後成為有彈性的人；4.防止遺傳疾病的發生。

1. 強化免疫力

當孩子的體溫升高到38℃的時候，身體會啟動自身的防禦系統，讓體內白血球增加兩倍。我觀察孩子如果吃得太多或是吃錯東西，出現消化不良現象，就容易發燒，這時的體溫大概在37.5℃左右。這種消化不良引起的輕微發燒，若是服用退燒藥物，會加重胃腸症狀，把發燒的病程拖得更長。

而萬一孩子真的因為感染發燒到39℃以上，身體的白血球將會增加到8倍之多，可以用來對抗感染。

2. 促進性格更趨成熟

説來奇怪，孩子發燒之前也許很討厭某個同學，但是生了一場病之後，竟然能和這個同學成為好朋友。原來，人活著除了吃喝拉撒睡之外，還需要情感的溫暖。如果有老朋友從很遠的地方來看你，你是否會在心中油然而生一股暖流呢？這就是心理的溫暖。孩子需要心理的溫暖，也需要生理上的熱，好讓心靈成熟，讓身體長大。

此外，孩子是從靈性世界而來，進入物質身體，兩者必須透過每一次的發燒逐漸緊密結合。我們看小孩子總是笨手笨腳，這是因為靈性體和物質體尚未能順利結合的緣故。而透過每一次發燒，兩者不斷磨合，終於能夠緊密結合，彷彿穿著大小剛好的合身衣裳。

3. 讓個體長大以後成為有彈性的人

發燒是一件痛苦的事，然而經過幾天折磨人的發燒過程，身體將會知道自己能夠忍耐多高的熱度，這有助於孩子長大以後成為一個具備耐受力的個體。

4. 防止遺傳疾病的發生

孩子藉著發燒，可以換掉得自父母的不良遺傳基因，像是過敏、家族癌症疾病等，降低未來可能的疾病風險。

COLUMN

人智醫學對發燒的護理

　　面對孩子發燒，一般而言只要不超過41℃，大人可以先在家為孩子做適度的護理，減緩發燒的不適，並且有助於讓病程盡快結束。

泡檸檬澡

　　取一顆有機檸檬，在一缸溫熱的洗澡水中切開，將檸檬汁擠在水中。熱水的溫度可以稍微熱一點，不過還是要以孩子能忍受為度，讓孩子浸泡約十分鐘左右即可。

　　檸檬是一種可以幫助身體恢復原有秩序的植物，孩子泡過檸檬澡以後，睡一個晚上，通常就能夠恢復正常體溫。

人智醫學對中耳炎的治療

現在的孩子常見罹患中耳炎，一旦發病，往往就會發燒，而且有的孩子特別容易反覆發作，卻也有從不患中耳炎的小朋友，兩者之間的差別究竟在哪裡呢？

現代醫學治療中耳炎，一般會使用抗生素。如果孩子發燒，還可能加碼使用退燒藥。中醫認為退燒藥會降低腎功能，而「腎開竅於耳」，從胚胎學來看，腎臟細胞和耳朵的細胞系出同源，都來自於頭部。所以幼童如果經常使用退燒藥，會損及腎臟功能，連帶降低耳部的代謝能力。腎的功能在調節身體的水分，中耳炎發生時會中耳積液，表示腎臟的排水功能已經出現障礙。這時候未能處理腎臟的功能不良問題，又服用抗生素傷害腎臟，也難怪孩子的中耳炎會反覆發作。

人智醫學居家護理對於孩子的中耳炎有其處理方法，而且極其簡易。方法是將有機洋蔥切碎，把洋蔥汁擠在一小球棉花中，放在患側耳朵外耳道開口處，第二天耳朵就不痛了。幼童清醒的時候可能會抗拒，所以大人可以趁他熟睡的時候，把洋蔥棉球放在患側耳朵。

　　大家應該有過切洋蔥時那種淚眼汪汪、淚水與鼻水齊下的經驗，洋蔥是一種能促進身體孔竅分泌物排出的植物，利用洋蔥的這一特性，可以引出耳朵裡的積液。

　　我把這個簡單好用的辦法傳授給幼兒園的家長，果然頗受好評，大家從此不再害怕中耳炎威脅孩子的健康了。透過這種自然療法治好中耳炎，日後再罹患的機率也會降低，因此是簡易有效的護理良方。

孩子不吃飯，不一定是脾氣拗或習慣差，可能是生理健康問題

　　我是華德福幼兒園的駐校醫師，平日在學校協助老師進行兒童觀察工作，目的在觀察兒童的活動或行為問題，背後是否起因於生理上的健康障礙。什麼是「生理上的健康障礙，引起的發展狀況或行為問題」呢？舉一個讓我印象深刻的例子。

　　在診所看診時，常常會有媽媽抱怨自己的孩子不愛上學。就有這樣一名四歲的幼童，不願去上幼兒園。一問之下，這孩子抱怨學校老師總是強迫他吃飯。

　　這孩子一向胃口不好，在家的時候，父母無論如何威脅利誘也別想要他多吃一口。可是幼兒園的老師毫不留情面，就是要他把飯扒光。園方雖然是出於善意，卻已經嚇得孩子對學校生活卻步。

　　我必須找出孩子不吃飯的原因。發現他腹脹如鼓，追蹤他的成長過程，知道他從小體弱，經常發燒，每次發燒都依賴西藥退燒，所以腸胃虛弱，消化功能差，吃東西容易胃脹。肚子一脹氣，當然不會有胃

口。所以孩子不吃飯，不是脾氣拗，也不是父母沒有訓練他良好習慣，純粹是因為腹脹難過吃不下飯的生理健康問題。

　　父母要將稚嫩的孩子送到幼兒園，必須下定很大的決心。因為把這麼幼小的心肝寶貝送到學校，一待就是一整天。他在學校都做些什麼？老師對他好不好？和同學玩得開心嗎？幾乎沒有一件事不叫父母牽腸掛肚。但是當父母把焦點放在學校，嚴密監督學校是否會虧待自己的孩子時，也應該省視自己與孩子的相處之道，生活中是否頻頻出現三個L，忽略了重要的三個R？由衷期待所有愛孩子的父母都能夠用對方法來愛孩子，免得徒勞無功，甚至妨礙了孩子的成長發展。

正確利用脂肪為孩子補腦 1.

　　豐樂華德福幼兒園做的每一件事，都在為學齡前的孩子奠定將來身心靈平衡發展的基礎。我們的教室佈置讓孩子感受到猶如在母親子宮內的溫暖安全；綠意盎然的戶外庭院，讓孩子置身於芬芳的花草、飛舞的蝴蝶及可愛小動物的自然環境。溫柔的老師滋養孩子的情感，課程的安排讓孩子在自由呼吸中學習。這些都是家長一眼可見的，但是你無法立即明白孩子在學校吃些什麼食物。

　　孩子每天都利用他們吃進去的食物來建構身體和器官，食物直接影響幼兒物質體和生命體的發展，所以這是攸關一輩子健康的重要議題。大多數學校給孩子吃的食物，往往只關心料理方便、價格便宜、孩子喜歡吃就好，未能注意到孩子是否可以消化這些食物、食材的寒熱屬性是否平衡，更別說食物的品質及其對孩子的發育是否有助益或傷害。豐樂托兒所聘任我當駐校醫師，希望我來照顧孩子和老師的健康，我所做的第一件事就是為廚房把關，所有不健康的食材一律不得進到幼兒園廚房。

　　食用油是我們每天必須攝取的養分，對身體健康影響極大。人類的大腦有60%是脂肪所構成，脂肪有助於穩定神經系統，並且是建構細胞膜最主要的原料。好的食用油讓孩子享有滿足感及安樂感，而攝取不良的食用油便猶如在給孩子的全身細胞及腦神經細胞進行豆腐渣工程，讓孩子的身心發展從天堂掉入地獄。

　　正因為了解食用油對孩子成長的重要性，所以我選擇兩種好油作為孩子每天攝取的營養，分別是有機黃金亞麻仁籽油和有機苦茶油。苦茶油和橄欖油的成分極為類似，優點是可以耐高溫烹煮；而黃金亞麻仁籽油的不飽和脂肪酸Ω3、Ω6、Ω9比例極佳，是非常理想的食用油。

　　以下分別說明我選擇這兩種油為孩子「補腦」的理由。

正確利用脂肪為孩子補腦 2.

· 冷壓現榨有機黃金亞麻仁籽油

人體的細胞膜是防止病源體入侵的第一道防線，有健全的細胞膜才能免於感染和生病，而細胞膜的主要構成物質中，有一半是必須脂肪酸中的Ω3和Ω6。Ω6普遍存在於各類動植物油脂，而Ω3以深海魚油含量最豐富，植物性的主要來源則是亞麻仁籽油，除此之外，幾乎不可能從其他常見食物中攝取，所以若沒有刻意補充Ω3，便難以確保細胞膜的完整度及功能性。

尤其是包覆著神經細胞軸突、發揮傳遞效果的史旺細胞（Schwann cell），仰賴Ω3必須脂肪酸加以保護，以確保神經訊息的傳遞速度，這關乎著孩子的學習能力好壞。

目前已知因為神經系統不穩定而產生的過動、急躁、焦慮、憂鬱、注意力不集中等精神症狀，與Ω3脂肪酸缺乏密切相關；而現代常見的過敏（發炎）體質，也與缺乏Ω3大有關係，所以Ω3被稱為「療效脂肪」，或「大腦的食物」。

　　嬰幼兒的腦部神經發育非常迅速，因此想要孩子長腦力的父母，不只是要講究有機飼養和有機栽種的食材，還要計較正確的脂肪攝取比例，來促進孩子腦部的神經連結和學習效率。

　　坊間到處都有亞麻仁籽油，品質的好壞很難比較。而有機的亞麻仁籽油價格高貴，就連很多家長也捨不得掏腰包。因此當供應廠商看到我們訂購最頂級的有機冷壓黃金亞麻仁籽油，直呼不可思議，不敢相信學校給孩子吃這麼好的油。這些每周從一粒粒金黃色亞麻仁籽現榨而成的新鮮油脂，沒有臭味和苦味，用來拌菜、沾麵包、拌飯等，應用於各式料理，讓孩子吃得健康、頭好壯壯。

· 冷壓現榨有機苦茶油

　　苦茶油含有豐富的Ω9單元不飽和脂肪酸，是目前市面上可購得食用油當中Ω9含量最高（82%）。Ω9脂肪酸對防治心血管疾病、降低壞膽固醇（LDL）及提升好膽固醇（HDL）十分有助益。本草綱目記載，苦茶油具「明目發亮、潤腸通便、清熱化濕、殺蟲解毒」的功效。中醫認為苦茶油性溫，有極佳的殺菌及除寄生蟲作用，現代人常吃生菜沙

拉、生魚片等生食，或幼兒把手邊的東西都往嘴裡塞，很可能吃進寄生蟲卵，妨礙消化道功能並引起過敏。生飲30CC～50CC苦茶油或拌入食物中，可讓寄生蟲大量排出，並且有效幫助改善腸道菌相，殺死對人體有害的腸道寄生菌及寄生蟲。對於腸道菌相不佳、排泄物及放屁帶有惡臭的人，以苦茶油搭配益生菌食用，可望得到令人滿意的效果。我的兩個孩子從小就養成用苦茶油拌飯做早餐的習慣，所以如今長得又高又壯。更重要的是，苦茶油可耐高溫烹調，不會劣變成反式脂肪。學校在為孩子準備食物時，有時必須以煎炒方式烹調，但是亞麻仁籽油不耐高溫，此時苦茶油便派上用場了。

冷壓橄欖油也富含Ω9脂肪酸（73%），因此在國際上備受推崇，但是它並不耐高溫烹調（冒煙點只有160℃），所以無法滿足國人的烹調習慣。苦茶油的冒煙點（質變點）高達252℃，是市場上所有的油脂中唯一符合煎、炒等高溫烹調習慣要求的好油。在大多數人一昧偏好進口橄欖油時，切莫遺忘阿嬤教給我們的飲食智慧，善用在地的苦茶油來增進家人的健康。

附錄 1
真正認識我的孩子

　　濕冷的東北季風在火餤山前停下了腳步，在前方迎接我的，是晴朗的天空和溫暖的家。想到孩子放學時迎向我的燦爛笑容，那些工作上的疲憊，就讓它隨大安溪水，流進遠方的海洋吧！

　　每個星期總有兩三次，為了沒辦法打包帶走的工作，必須行駛到一百多公里外。被工作壓力包圍而心力交瘁的時候，也曾經問過自己，為了孩子就學，舉家遷居值得嗎？但是當我想起自己的充實與孩子的成長，所得到的收穫其實比當初盼望的還要更多，工作上增加的些許舟車勞頓，倒成了微不足道的小事了。

● 一個父親可以如何為孩子的教育盡力？

　　對於孩子教育的將來，我一直在尋覓、思索一個父親可以如何盡力。我曾想過：或許我可以選上小學的家長會長，為孩子安排風評最好的導師；小學畢業後再想辦法安排他進入最熱門的私立中學。但孩子要面臨的困境依舊，讓我覺得無力且難受。

　　我可能必須眼睜睜地看著他：被迫「提前」在幼稚園學會國小課程，

只因同學都會了，國小老師只好跳過不教；必須每天寫著驚人的作業和重複的習題，只因作業出太少的老師會被家長視為「不認真」；必須在放學後被關進安親班裡，把學校已經教過的課程再「補習」一遍，只因放學後唯有安親班才找得到同伴。

難道身為家長的我們，只能無奈地看著孩子一步步走向如此扭曲的環境，讓父母的無力和孩子的無助，成為生命裡的傷慟。然而，想要在這樣的體制與環境下，帶領孩子走出自己的身心健康之路，卻是充滿艱難險阻，困難重重。因為父母縱然可以堅毅地面對外界異樣的眼光，但孩子的童心要同時面對師長與同儕的壓力，卻是不可承受之重。

正在困頓苦思的狀態下，一陣機緣巧合，讓我翻閱了一本妻子悄悄放在案頭的書——《病是教養出來的》，一步步被引領進入了「人智哲學」與「華德福教育」的知識殿堂，也才尋得帶來希望的曙光。原來，與其在體制內的教育環境奮力披荊斬棘，不如找到一群理念相近的家長、老師和學校經營者，一起呵護一片小小的園地，撒下希望的種子。

● 自認為深愛孩子，對他的理解竟如此淺薄

就這樣懷抱著憧憬，我的孩子進入了「豐樂華德福幼兒園」，妻子也參加了華德福幼兒教育學程，努力學習如何照顧幼兒的身心靈。將近一年的時間過去了，回想來到這兒之前，我的孩子在我眼中，有著成熟懂事、擅於等待、大方開朗、給他明確指令便可快步跟上的性子，可卻

常在不明原因之下，發生如同火山爆發般歇斯底里的情緒，令我們夫妻相當困擾，卻百思不解。

　　來到這兒以後，在老師們的觀察與協助之下，我們半信半疑地從本身做起，尤其是從父親的角色開始，改變對待孩子的方式和心情，漸漸地，孩子展現出讓我們耳目一新的轉變。他學會說出心底的委屈，不再壓抑情緒；難過或哭泣時，開始願意向爸爸尋求支持和安慰，也不會再孤獨地躲在僻暗的角落裡「冷靜」。

　　我才終於發現，原來我的孩子其實是怕生、害羞、動作慢的人，卻善於隱藏本身焦慮和不安的情緒。他在我的強勢教養下符合了期待，卻把一切的不適都「成熟」地壓抑在幼小的心底。當壓抑超出臨界點的時候，「火山爆發」出現了，然而，從最親近的父母臉上得到的回應，卻是不耐和不解。很難想像，我們自認是那麼樣愛孩子、關心孩子，但是對孩子的理解竟是如此地淺薄，如今想來，心中真是萬般不捨。

　　「終於，我真正認識了我的孩子！」這一句沉重卻讓人慶幸的話，正可以用來作為我心情感受的註解。萬幸！我的疏忽與無知，並沒有讓我到白髮蒼蒼之時才空留餘恨。慶幸我們家有緣來到這片愛的園地，得到眾人滿滿的付出與關愛。謝謝你們！所有曾在「豐樂華德福幼兒園」付出的老師及伙伴，你們是孩子生命中的天使！

豐樂華德福幼兒園　家長　Jeffers 爸爸

附錄 2
與華德福教育美麗的相遇

　　幼稚園時候的你可曾經寫作業寫到哭呢？我就有過這樣的經驗。小小的手握緊細細的筆，努力地想把字擠進小小的格子裡。「蝴蝶」、「高低」等作業，讓我邊寫邊哭、邊哭邊寫……那握筆握到手發疼的日子，我至今依然記憶猶新。因此，若說幫孩子選擇幼稚園有何期望，我唯一的希望是孩子可以不用學寫字。正在找尋適合的幼稚園時，無意間發現許姿妙醫師寫的《病是教養出來的》一書。看完後驚艷萬分，這就是我想給孩子的成長過程，甚至連我自己都希望能在這樣的教育環境下成長。行動派的老公在看完書以後，提出舉家搬遷至台中定居的想法。

● 在充滿愛的校園環境安心成長

　　進入豐樂幼兒園，彷彿來到人間仙境。這裡有美麗的草地、木造的溜滑梯、盪鞦韆、乾淨的沙坑、小山坡及山洞，整個校園好像一座美麗的花園，空氣裡聞到的是花草樹木的芬芳，耳裡聽到的是輕輕柔柔的歌聲。我們參訪時，正接近下課時間，接待我們的老師此時抱著一位哭著找媽媽的小女孩。老師見到我們來訪，並沒有卸下小女孩將她交託給別人，而是依然抱著小女孩，一邊拿毛線織成的兔子安撫她，一邊帶著我

們繞校園一周，還不急不徐的回答我們所提出來的問題。

學校裡有種菜的菜園，孩子們每天都會去菜園裡澆水；有自然生態水池，池內有魚兒及蝸牛等生物；園裡還有一群活潑的兔子，孩子們都好喜歡拿菜葉餵食兔子喔！簡簡單單的繞校園一周，已經足夠讓孩子觀察許久了。將近一個小時的參訪時間，老師始終抱著小女孩，不論小女孩如何哭鬧，老師總是輕聲哄著，整個過程老師情緒十分平穩，一度我還以為是她自己的孩子呢！這些在我的心中烙下很深的印象。

步出校園，我心中已經有了決定——我要讓孩子就讀這所學校。因為我知道孩子在這裡將會受到很好的對待，溫柔而充滿愛心的老師、和善的同學、時時充滿著歌聲的美麗校園、天然素材的玩具……這是一個洋溢著愛的環境。

每位孩子在剛入學時，都必須經歷一段適應期，大哭小叫、十八相送的戲碼是新生入學初期必定會經驗到的。孩子正在學習適應新的團體生活，家長也在學習放心、放手。我的兒子也是一樣，前三天的新鮮感一過，開始哭著不上學，到了校門口變成無尾熊，緊緊的扒在我身上。老師動作輕柔地抱走他，嘴裡說著新鮮事來轉移孩子的分離焦點。進了校園後，其他同學則主動來牽他的手，就這樣手拉著手一起進教室。

我知道這是孩子成長過程必須自己面對的，而我的心裡並沒有任何一點不捨或擔憂，因為我知道老師及同學們的愛會協助他度過這個適應期。一個多月過去了，有一天兒子對我說：「今天來了一位新同學，她太想她媽媽了，想到都哭了。」從那一天起，兒子不再因為上學而哭，

甚至會去陪伴其他新來的同學。我感受到孩子的成長，他將適應過程所得到的關愛，發展出同理心，並適時地回饋出去了。

學校非常重視孩子們的生活節奏及規律性，每天的課程安排節奏流暢，讓孩子們很放心地進入學習之中。另外，也給孩子們很充裕的自由遊戲時間，讓孩子可以盡情展現自己的創作或經驗過的事物，藉這由內而外的展現，抒發或消化所吸收的一切事物。老師也在這個時候從中觀察孩子們的氣質與發展，或是目前所處的身心狀態。在與家長會談時，老師分享所觀察到的點滴，必要的時候，也與家長一起討論學校與家庭協助配合的事宜，希望幫助孩子們能夠以較為平順的方式去度過成長中種種必須經歷的過程，讓七歲前的孩子有較多的體力、能量來好好發展身體。

● 面對病痛，有更健康聰明的選擇

幼稚園入學後，伴隨而來的生病最讓家長憂心及心疼。我的孩子入學後，三個月內發燒十次，半年內大大小小的感冒達二十多次。我與老公從初期驚慌失措擔心不已，到後來已經學會心情平和地照顧孩子，陪伴孩子去經驗生病時的不舒服。這一路下來，孩子沒有吃任何的西藥，沒有做任何強迫退燒的處置（吃退燒藥或用退燒塞劑）。在學校舉辦的家長座談會及幼教課程中，讓我學到許多居家護裡的常識，例如，孩子發燒時，可以讓他洗檸檬澡、用檸檬敷布敷腳等方式。另外，我們有臨床經驗豐富的許姿妙中醫師作為最佳顧問，孩子生病時期的中藥治療、

生病後的身體調理，全靠許醫師的幫助。

生病是每個孩子都會發生的事情，我之所以能夠從容面對，是因為有人智醫學的居家護理知識，及配合可信任的中醫師治療。我知道大人的心情越從容，情緒越平穩，孩子就能在平靜的氛圍中得以好好休息痊癒。這個時候放心相信孩子的自癒能力是很重要的。現在，兒子每次生病的間隔週期逐漸拉長，抵抗力明顯提升了許多。

● 陪伴孩子也自我成長，釋放多年對母親的怨懟

在接觸華德福這樣的教育方式後，我學會放慢腳步看待孩子及自己，放下一顆不斷給予卻慌張的心，學習耐心等待孩子的成長，從中我竟然發現自己長期以來不安的心。我習慣要求自己做到該有的標準，在帶孩子的過程中也是這樣。我不想要跟自己的母親一樣，因為自己情緒不穩定而打罵孩子，但是長時間帶孩子的體力疲累、心情煩躁，在孩子經常調皮時，很難不情緒決堤。打了或罵了孩子以後，情緒有了出口，但是接著心情更加沉重，不斷的責怪自己——這樣的我與自己的母親又有何不同呢？

這種情緒在接觸華德福教育的初期，達到了最高峰。在一次自我責備的情緒裡，我突然醒悟到：是我把自己理想化了，我並沒有認清自己，未能接受當下的自己，只是為了自己無法達到理想中的境界而沮喪不已。這樣的領悟讓我好開心，因為我發現自己的問題癥結點了。而在

細細思索的過程中，我也更加體會到我的母親養育四個孩子的艱辛，她給予我們當時她所能做到的最好的方式了，她已經盡力了……我終於感受到母親滿滿的愛，也得以釋放對母親的不滿。

孩子是大人甜蜜的負荷，這是大家所知道的，而遇上了華德福的教育後，孩子變成了生命中的禮物。因為用這樣的教育方式帶領孩子的過程中，會讓人不斷地回顧自己的成長歷程，而清楚自己孩提時所受的傷，再以現階段成人的智慧與理解力去看待當時的傷痛，往往會在當時讓我們受傷的行為背後發現愛，感覺自己跟著孩子再一次成長，而這一次是在滿滿的愛中成長的。

● 在華德福教育下的收穫，遠超過預期和想像

華德福教育很重視與大自然的接觸，孩子會用全身的感官去感受四季的變化。春天來臨時，空氣中的溫度上升、濕度增加，百花盛開、蟲鳴鳥叫、蝴蝶飛舞，頓時大地熱鬧了起來。相較於冬天時，灰灰的天空、乾枯的草地、褪去葉子光禿的樹枝等等，有著非常不同的景象與感受。春天的一個早晨，送孩子進校園時，孩子揚著笑臉大叫：「媽媽妳看，樹上長出了小小的葉子。」接著開心地與我揮揮手。春天愉悅的生命力，孩子感受到了，也開啟了他愉快的一天。

今年四月中，家裡書房窗台上飛來斑鳩，下了二顆蛋。斑鳩媽媽每天坐著孵蛋，約三週後幼鳥破殼而出，再經歷二週的成長，飛離了窗台

上的窩。我們很幸運得以近距離觀察到自然的鳥類生活，孩子也從中學到了「等待」：等待鳥媽媽孵蛋；等待小鳥們漸漸長出羽毛；等待鳥媽媽尋找蟲子回來餵食小鳥們；等待小鳥們長大展翅飛離⋯⋯孩子發現，原來在電視動物頻道上約三十秒鏡頭的時間，在現實生活裡，其實是需要一個月的時間才能完成的。在小斑鳩們相繼飛離後的某一天，孩子畫出了心中的感受與記憶——窗台上，母鳥坐在窩中孵蛋，四週圍繞著一圈的蟲子。孩子說，這樣小鳥就可以開心吃蟲子了。孩子畫出了母鳥的母愛，也畫出了自己對小鳥們的愛，希望給予牠們足夠的蟲子。

孩子就讀華德福幼兒園一年後，我發現不只孩子改變成長許多，大人的成長更大。當老公發現自己對孩子的影響力是如此的深遠，而且無可替代，他願意花多一些時間陪伴孩子。漸漸地，孩子與爸爸更親近了，會爬到爸爸坐的椅子上，從背後抱住爸爸甜甜地說：「我最喜歡爸爸！」這是身為另一半的我無法給予的甜蜜。很愛家的老公，因為不得方法而與孩子有距離。在接觸華德福教育後，老公發自內心的轉變，讓一切都不一樣了，家庭氣氛也更加溫馨，這是我們全家意外的收穫。

我們一家人從豐樂華德福幼兒園獲得的愛、幫助與成長，遠遠超過我們的預期與想像。在此，我要致上深深的感謝，謝謝豐樂華德福幼兒園所有的老師們，謝謝您們給予孩子滿滿的愛、適當的幫助，也讓身為家長的我們感受到愛的力量，內心充實豐盈，謝謝您們!!

豐樂華德福幼兒園　家長　蔡佳芬

附錄 3
創造性的規範

規範存在任何的環境裡，尤其是在團體生活，為了維持團體秩序和安全，更加凸顯規範的必要性與重要性。

● 傳統教育下的規範，讓老師好威嚴

過去我在幼兒園任教十幾年的經驗中，規範只是要讓孩子乖乖的，不搗亂，讓一切快節奏的學習步調能一節一節的順利推展下去，所以規範非常制式沒有彈性，甚至是命令式的。雖然有時候也會和孩子一起討論班級應該遵守的規範，例如在教室要用走的、要小聲說話等等，就像是班規，還會在訂定班規後加訂犯規的孩子必須限制遊戲等的處罰方式。團體討論和一起訂定規範內容的過程，看似對孩子採取開放、尊重的態度，但是現在回想起來，那些討論的內容其實是老師內心期望孩子做到的規範，只是透過公開討論的方式引導孩子說出老師心中既定的答案。

在快節奏的學習步調裡，孩子一堂接一堂趕著學習不同領域的課程，美語、體能、數學、注音符號……面對孩子的行為，老師沒有太多時間觀察，去了解行為背後的原因進而幫助孩子，只能一聲令下，利用剝奪權利、恐嚇威脅的方式，希望孩子趕緊停止玩鬧或分心，好讓課程

順利進行下去。頓時間，老師的角色變得好威嚴，孩子是因為怕老師而改變行為，卻不知道行為背後可能發生的問題。記得那時候曾問孩子：「為什麼不能這麼做？」孩子回答說：「因為老師會罵。」擔心孩子的回應與想法不恰當，老師又得趕緊再解釋一番。那時，管理孩子讓我變得暴躁緊張，於是開始反省擔任幼兒教育老師應有的態度。

● 什麼是創造性的規範？

現在，我來到豐樂幼兒園，在孩子緩慢的步調和流暢的生活節奏中，老師能靜心專注在孩子身上，孩子在這樣的學習氛圍中，能愉悅的、自然的表現出自己。透過校內的兒童研討、老師彼此間的經驗分享和師資培訓過程，讓我更加了解孩子的個別差異和行為背後可能的原因，並給予適切的協助。在不斷的自我成長中，幫助自己重新認識什麼是規範，也將自己重新定位。

創造性的規範對老師來說深具挑戰性。每天在不同的情境、面對不同年齡的孩子，以及來自不同家庭的孩子所獲得的生活經驗與習慣差異，而有各式各樣的情況發生，因此，同一個規範並不一定適用於每個孩子，規範的內容也沒有標準答案，所以稱之為創造性的規範。以下是在幼兒園中幾項實際施行過的創造性規範。

案例1　在戶外時，孩子撿拾地上尖銳的樹枝當槍在玩耍，並且在另一個孩子面前比畫，有時還會做勢要發射子彈，發出碰碰的聲響，老師覺得這樣很危險，該怎麼做呢？

創造性的規範：老師扮演修理槍的人，對孩子說：「你的槍看起來壞掉了，應該要送到工廠修理，我幫你送去修，你可以先玩別的。」邊說邊將樹枝拿走，轉移當下可能發生的危險和衝突。

案例2　當孩子模仿電視情節，出現不當的言詞和攻擊行為。

創造性的規範：當孩子出現攻擊行為，老師會先擁抱孩子，避免孩子受傷，然後透過按摩和身體接觸的溫暖，軟化孩子肢體的僵硬；若是出現不當的言詞，老師會說故事、演布偶戲來引導，轉化電視的內容，並且提供美好的語言，讓孩子在耳濡目染之下學習說出適當的言詞。有了良好的示範與模仿對象，孩子會改善肢體表現與言詞，同時也幫助孩子能融入小組和團體生活，拓展人際關係。

案例3　自由遊戲時，一個孩子假裝在玩吸塵器吸東西，發出很大聲音。

創造性的規範：老師走到孩子身旁看了一下，作勢找到吸塵器的聲音鈕，並對著孩子說：「哇！你這台吸塵器很好用，它有聲音鈕，轉一下就可以變小聲了耶！」說完，作勢轉動聲音鈕：「已經變小聲了喔！」孩子會融入其中，順勢降低聲量，繼續開心的玩吸塵器遊戲。

案例4　自由遊戲時，多數孩子玩得興起而音量變得太大。

創造性的規範：哼唱輕柔的歌曲，當孩子的感官注意到這輕柔的歌聲會跟著哼唱，慢慢調整聲量。

創造性的規範除了對當下發生的事情給予引導，也可以透過機會教育的方式建立，藉此幫助孩子有更深刻的體會和培養同理心，老師也憑藉著經驗和觀察意識到在任何情境以及孩子的特性可能發生的危險，立即判斷規範的方式，所以規範其實是非常有彈性的。

當一切都是以「人」為出發點時，就會遇見自己及自己想要做的。感謝豐樂幼兒園，感謝華德福教育，讓我找到自己擔任幼教老師的初衷，那就是能專注的、和善的陪伴每一個孩子，幫助每一個孩子。

豐樂華德福幼兒園教師　任美鳳

附錄 4.
我對主流教育的省思及對華德福教育的側面觀察

生物是多樣性，人也是如此，所以我不相信有那一種教育體制可以適用所有的小孩。並不是說現在的主流教育不好，它可以有效率的篩選培育出社會需要的精英，讓這個社會確實的運作下去，但是所付出的代價就是扼殺其他小孩人生的可能性。（依照 20/80 法則，那其他小孩所佔的比例可不小哪！）

●學業成績頂尖的天之驕子，生活卻貧乏得可怕

以我來說，我是台灣典型教育政策下的產物——典型的鄉下小孩，典型的資優班學生，典型的國立大學畢業生。

由於某些個人因素，使得小時候的我放了不少心思在課業上。那時沒有週休二日，每天都得起早上學去，摸黑回到家。在校時間從早七點到晚上九點半，週日也要固守教室半天。

那時，我很認真唸書，也相信老師們說的：「好好念書，考上第一志願高中就可以放心玩了。」 所以我就這樣考上了嘉義中學。雖然很

快就發現國中老師說的是謊言，然而我還是又選擇相信高中老師說的：「好好念書，考上大學就可以由你玩四年。」

高中的我參加了天文社，擔任幹部，也當上班聯會副總幹事，甚至拿到嘉中的旭陵文學獎。至於學業表現就更不用說了，每次考完大考，玄關總是貼著我的照片。

然而高中的我對這個世界有很多疑惑和好奇，只是被功課和成績壓得喘不過氣，沒辦法好好探索，教科書就是我當時的世界。上了大學以後，我終於有自己的時間去做想做的事，也有幸結交志同道合的好友，讓我開始旅遊，見識這片生養我的土地，並且開啟了登山之路，同時啟蒙我對人文的關懷、對台灣的愛。

大學多采多姿的生活讓我從空洞的書本轉而探索真實的世界，我能驕傲的說：我的大學生活每天都在積累生命的價值和厚度，這四年真的沒有白活！

此時，我突然如夢初醒，發覺到和豐富的大學生活相比，我的國高中生涯真是空白得可怕。我大學一年所獲得的，就遠比國高中六年的加總還令我驕傲、令我覺得真實有意義，這才應該是「我的人生」，不是嗎？

成績或許很重要，因為它讓我有機會上大學受更好的教育，但是必須以我六年寶貴的青春歲月為代價，而且我完全沒有選擇的權利，只能

在父母師長期待的壓力下任隨安排，莫名其妙的考上世俗所謂的明星高中、明星大學。現在回過頭來看，即使上更好的高中和大學那又如何，那畢竟不是我選擇的人生。

我後來甚至又慢慢發現，以往的我多麼驕傲自大，一切唯我獨尊不懂感恩。以前老師總要我們課業成績好的學生去輔導成績跟不上的同學，但是我打從心底鄙夷這些表現不佳的同學，認為他們用功不夠、努力不足，所以成績不好是他們自己的錯。

● 單一價值的灌輸，扭曲了人性本質

直到大學，我才逐漸領悟到，每個人天賦不同，家庭條件不一，智慧開竅的時間與程度也有別，不能以課業表現斷定一個人的存在價值。

而我的鄙夷態度和刻版印象竟是來自從小所受的教育。以往的教育本質便是「競爭」，成績就是評定一切的標準，優勝劣敗的殘酷法則在教室裡活生生上演。正是所謂「一將功成萬骨枯」，成績優秀的學生踩著成績差的同學往上爬，想要在這個體制裡獲得榮耀，就是得犧牲別人，因為只有名列前茅才會被這個體制認可。為了享受虛榮的掌聲和認同，我的代價就是喪失了最基本的人性關懷。

當我更進而意識到自己很多思考決策是出於效率而非人性，當自我剖析後發現自己已經變成一個沒有同情心和同理心的人，突然感到自己

很可悲也很可鄙 。我應該是個「人」，是人就應該具備一顆「仁心 」，而非冷眼旁觀他人的不幸，並且無情的批判。

我也發現自己非常不懂得感恩，總認為成績好是自己苦讀來的，老師和父母一點貢獻都沒有。我認為自己所有的一切是應得的，因為我成績好，因此有資格睥睨他人。也因此，我在可以報答父母時沒有好好感激，卻心懷怨懟，這幾年成為我心中的小遺憾。

● 考試機器兼生活白癡的我，對比華德福學生的獨立自主，深感到不如

反思台灣主流教育在我身上的「遺毒」，除了缺乏人性關懷和溫暖的本質，我還是一個「手不能提，肩不能挑」的考試機器，至今留下的副作用就是典型的「生活白痴」。我不會煮飯，不會縫紉，音樂、美學、工藝、繪畫都是我的致命傷，雖然有心嚮往，但是沒有機會好好接觸學習。所以當我前年和朋友凱特去華德福小學接她的孩子放學，現場親眼看到華德福國小學生蓋的木柴稻草房，讓我震撼到不能自己。

雖然之前曾在〈商業周刊〉看過華德福相關的教學報導，很佩服那種用歌聲迎接一天、透過繪畫學習的方式，但頂多覺得這不失為尊重小孩的教育方式之一，並沒有太多感動。直到這時候，我才明白自己原來不是沒有手作的天賦，而是我的教育環境不曾給過我這個機會。

書本的世界很小，真實的世界很大。以往的教育只讓我學會從教科書認識這個世界，卻抹煞了我的天賦本能。我對華德福教育了解不深，但我眼中所看到的華德福教育確實是用我們人類與生俱來的天賦和眼耳口鼻意等感官來感受這個世界。

　　之後斷斷續續的從凱特和雜誌得知華德福相關的教育方式和理念，後來甚至聽說有高中生自己跑去德國參訪，然而我那時依舊認為這些不過是特例，以為這些學生或許是家中條件特殊，能夠經常接觸國外事務。直到去年四月時，有機會和華德福高中生一同去嘉明湖登山，才讓我為之改觀。

　　那時一行人分 A、B 兩條路線行進。A 線走新康橫段七天，B 線走嘉明湖輕鬆行四天。兩隊分道揚鑣時，我才得知教練原來也要跟著我們下山，所以 A 線是由學生自己帶隊。即使從凱特那裡得知這些學生大多從國小便開始爬山，有人甚至已經拿到嚮導證，但還是令我感到難以置信。

　　畢竟高山領隊除了專業登山知識外，還需要處理人員分配、公糧水源背負、危機處理，甚至是人際爭執……這些，連大人都不見得能搞定，卻交由一群高中生群策群力去完成。這又讓我想起自己的高中生涯，頂多搭公車去阿里山夜觀星月，和華德福學生的獨立自主相比，自覺遜斃的我當下不禁汗涔涔而淚潸潸了。

我想，如果這些孩子在高中就有如此膽識，那將來還有什麼是不可能的呢？

而當我看到他們平安下山，才知道原來勇闖德國的華德福高中生並不是特例，因為華德福教育的本質就彷如一片沃土，讓每一顆栽下去的種子能適情適性發展。當他準備好要開花時，便會綻放出獨一無二的生命本我，而它的成果，遠遠不是我們以往揠苗助長的盆栽式教育所能比擬。

● 華德福教育是無限可能的教育，而且是關心靈魂的教育

以前的我沒有選擇，只能接受主流的傳統教育。如今看到華德福的學生，老實說我很羨慕也很希望有機會能跟著學習，試圖找回當年遺失的自己，讓我的後半人生更開闊美好。

我很佩服華德福回歸教育本質的教育理念。主流教育並不是完全不好，但是個人活到現在，越來越深切感受到自己是傳統教育體制下的受害者。這一套教育並沒有教會我太多，倒是一直壓榨我在智能上的些許優勢，壓榨完了只換得一個穩定溫飽的生活，卻無法給我一個足以發展潛能的充實人生。我穩定的生活必須以我的無限可能性作為代價，而這個代價對現在的我來說太高了，因為時間已經不站在我這一邊。

當然，我相信華德福教育在執行上不見得完美，但和我以往所受的教育相比，我認為華德福教育才是「人」的教育，是個有「無限可能」的教育，而且是關心「靈魂需求」的教育。如果我的人生能再有一次選擇，我希望自己可以接觸更多華德福教育，有機會找回自己曾經有過的天賦和人生的可能性。

體制內高等學校行政主管　柯長志

病是教養出來的 第一集

|孩子的四種氣質|

許姿妙 醫師 著

定價：220元

（人智出版社出版）

一位中醫師從教育與疾病的因果，看華德福教學

你聽過主張慢學的華德福教育嗎？

你知道華德福是全球成長最快速的獨立教育體系嗎？

關於教育，你已經聽過各家各派的高論，

而這一種，或許才是父母想要的解答！

每一個疾病都代表一種需要，每一個孩子的問題行為背後，

都有其健康上的意義。

- 教育世家的四個孩子，各自在專業領域擁有一席之地，卻都帶有困擾一輩子的「不治之症」，他們的病是怎麼來的？
- 六歲的孩子既不吃糖，也不喝飲料，飲食作息十分正常，為何牙齒已經換到九歲孩子的程度，生理提前三年發育？
- 大學法律系畢業的高材生，為什麼在留學美國讀雙碩士之前，還要先考好公職「備用」，忙到無暇照顧自己的三餐飲食？

病是教養出來的 第三集
|12感官之初階感官|

許姿妙 醫師 著

定價：280元

（人智出版社出版）

把醫生「抓症頭」的職業習性，用來抓教育的「症頭」；
解讀華德福教育的12感官內涵精準到位，下筆犀利如下針。

因為不認識12感官，大家都受苦了，孩子更成為大人無知下的最大苦主！

家長別再乾著急，老師別再怨嘆孩子好難教，
12感官為教養指引明燈，從此豁然開朗天地光明。

有時過動，有時特別憂鬱，有時膽小如鼠，有時又暴力上身，
孩子謎樣的身心變化，都可以在史戴納博士提出的12感官裡找到明確的解答，外加解決的良方。
12感官之初階感官：觸覺、生命覺、運動覺、平衡覺
12感官之中階感官：嗅覺、味覺、視覺、溫度覺
12感官之高階感官：聽覺、語言覺、思想覺、人我覺
三歲看大，七歲看老，每一個孩子的生命品質奠基於幼兒初階感官的開展，我們終其一生的作為
也都決定於初階感官的形成之初。
·什麼是12感官？
·四種初階感官如何作用於一個人？
·如何開展幼兒的初階感官？
·初階感官發展失調會造成幼兒的哪些行為表現？
·什麼樣的教養方式導致幼兒初階感官發展失調？
·大人應該如何幫助初階感官發展失調的孩子？
期待本書為煩惱不已的家長和老師撥雲見日，共同照亮孩子的大未來！！

青春痘不再破壞我的美
痤瘡治療終極版

許姿妙 醫師 著

定價：199元

（人智出版社出版）

**只要青春不要痘，告別「青春的副作用」，
中醫為你釐清真相，除痘務盡！**

青春年華少不了幾顆痘痘來點綴，然而青春痘不是病，亂起來真苦命。
別小看幾顆痘痘，治不對，可以繁衍成大災難；
治不好，青春黯淡，顏面無光，直叫人痛心疾首。

如何戰勝「痘花冒不盡，春風吹又生」的青春痘體質？
「滿面全痘花」的人，如何完全憑藉中醫的內治外敷，
重新再造亮麗的容貌？

中醫對青春痘有最深入的病理剖析和有效的治療方法，
還有比美抗生素的快速殺菌消炎藥物和細膩的臨床運用，
絕對是值得信賴的治療選擇。

頑固乾癬可根治
|中醫辨證內外並進之乾癬完治新體驗|

許姿妙 醫師 著

定價：169元

（姿霓國際出版）

乾癬，寫在DNA的遺傳性皮膚病！
注定一輩子不能根治的宿疾！
當醫生和醫學研究文獻都這樣無情宣判時，
你需要的是，再給一次的機會！

**用對方法，不需要類固醇，
不用毒性藥物，
乾癬可以在沒有副作用的交換條件和風險之下，
真正痊癒。**

古老中醫智慧與新時代科學技術兩相結合，
激盪出驚人的治療成果！
解開類固醇的枷鎖，皮膚病治療嶄新突破！

異位性皮膚炎可根治

|中醫辨證內外並進之根治新體驗|

許姿妙 醫師 著

定價：169元

（姿霓國際出版）

異位性皮膚炎，全球公認「治不好」的世界級難病，
儘管醫療新科技一日千里，對它仍束手無策，
還任由它比以往都更為猖獗。

是什麼原因讓異位性皮膚炎一再坐大？
你採用的方法是在治療它，還是在餵養它？

用對方法，不需要類固醇，不用免疫抑制劑，
異位性皮膚炎可以在沒有副作用的風險之下，真正痊癒！！

古老中醫智慧與新時代科學技術兩相結合，
激盪出驚人的治療成果！
解開類固醇的枷鎖，皮膚病治療嶄新突破！

國家圖書館出版品預行編目資料

病是教養出來的. 第二集, 愛與礙 / 許姿妙作.
-- 初版. -- 臺中市：人智, 2018.11
面 ； 公分. -- （教養系列；2）
ISBN 978-986-96683-3-0（平裝）

1. 親職教育 2. 子女教育 3. 病因

528.2   107021289

教養系列 002

病是教養出來的（第二集）愛與礙

作　者　　許姿妙
文字整理　胡慧文
美術設計　上承文化有限公司

出　版　　人智出版社有限公司
　　　　　地址：台中市南屯區大容東街4號3樓
　　　　　電話：(04)23379069
　　　　　傳真：(04)23379359
　　　　　網址：humanwisdompress.com
　　　　　劃撥帳號／22727115
　　　　　戶名／人智出版社有限公司

總 經 銷　紅螞蟻圖書有限公司
　　　　　地址：114台北市內湖區舊宗路二段121巷19號
　　　　　電話：(02)27953656
　　　　　傳真：(02)27954100

版　次　　版次 2018年11月 第二版
定　價　　220元
國際書號　ISBN：978-986-96683-3-0

病是 教養出來的

第二集 愛與礙

病是教養出來的

第二集

愛與礙